사이클
안전
트레이닝

사이클 안전 트레이닝

초판 1쇄 인쇄 2018년 4월 3일
지은이 한기식, 구정철
펴낸이 이승훈
펴낸곳 해드림출판사
주 소 서울 영등포구 경인로82길 3-4(문래동1가 39)
 센터플러스빌딩 1004호(우편 07371)
 전 화 02-2612-5552
 팩 스 02-2688-5568
 E-mail jlee5059@hanmail.net

등록번호 제87-2007-000011호
등록일자 2007년 5월 4일

* 책값은 표지에 있습니다
* 잘못된 책은 바꿔드립니다

ISBN 979-11-5634-273-1

사이클 안전 트레이닝

한기식 · 구정철

추천사

 자전거 이용자가 늘면서 국가정책도 자전거 이용자들을 위한 인프라 확충과 제도 개선 등 많은 배려를 하고 있지만 아직도 자전거 이용자들은 자전거 이용을 꺼리고 있는 실정입니다. 국내의 자전거 대수는 작년 말 기준으로 약 1,200만 대로 집계되며 전체 가구의 40% 정도가 자전거를 소유하고 있으나, 자전거를 이용한 수송분담률은 3%에 그치고 있습니다. 이는 33%에 이르는 자전거 천국 네덜란드에 비하여 너무도 부족한 상태입니다.

 국내의 교통 및 환경문제를 개선하기 위해서는 보다 적극적인 정책과 그에 맞는 인프라 확충 및 운전자의 배려심도 필요하지만 자전거 이용자의 안전의식도 고취되어야 할 것입니다.

 자전거 안전과 이용에 필요한 많은 도서가 출간되어 있지만 본서는 초보자가 반드시 알아야 하는 기본적인 상식과 안전을 강조한 것입니다.

 한선생은 20여 년간 현장에서 직접 자전거 교육을 하면서 경험했고 필요했던 사항들을 모아서 집필한 것으로 보입니다.

 초보자에게도 필요한 사항이지만 중급자들도 반드시 숙지해야 할 사항들이 많은 것 같습니다. 이런 도서가 널리 보급되어 자전거 이용자의 안전에 기여하고 자전거가 더욱 보급되는 기회가 되었으면 합니다.

전 계명대 교통공학과 교수 강승규

머리말

　현장에서 시민들을 위해 자전거 안전교육을 하는 시점에서 2012년 5월 1일 상주시청 선수들이 의성에서 사이클 연습을 하다가 사망하는 사건이 일어나게 되면서 큰 충격에 빠지게 됩니다. 물론 가족들은 더하겠지만 자전거를 가르치는 입장에서 한 동안 고민을 하게 되어 다시 결심하게 되었는데, 다시는 이러한 사고가 일어나지 않도록 조금이라도 보탬이 된다면 작은 위안이 될 거 같은 생각이 들었습니다. 늦었지만 다시 한번 선수들의 명복을 빕니다.

　4대강 자전거 길이 만들어지면서 자전거 타는 조건들이 좋아지고 있고 사이클 시합에 참가하는 동호인들도 많이 늘어나고 있지만 아쉽게도 자전거 사고는 점점 늘어나고 있는 실정입니다. 이제 자전거 시설에 투자하는 것도 우선이 되어야겠지만 일반인들에게 자전거를 안전하게 타는 교육이 더 우선이 되어 안전에 대한 인식을 조금씩 깨우쳐나가면서 사고를 줄이는 방향으로 목표를 더 두어야 하겠습니다.

　이 책은 예전에 작업한 철인 3종 경기와 자전거의 내용을 업그레이드 한 서적인데, 이것 역시 쉽지 않은 작업이기에 미루고 밀어 5년이라는 시간이 흐르게 되었습니다. 기본적인 트레이닝 면에서 보완을 하였고, 특히 지도자들과 동호인들에게도 필요한 기본적인 트레이닝과 사고예방에 대해 중점을 두고 작업을 하였습니다.

　시중에 나와 있는 책 중에 아쉽게도 사이클에 대한 자료와 서적들은 아직도 부족하고 찾아보기 어려운 실정입니다. 또 책이 나오더라도 외국의 자료에 의존해야 하는 아쉬운 우리의 현실입니다.

　기존의 선수나 코치들이 사이클 인구의 저변 확대를 위해 일반인들에게 쉽게 다가갈 수 있는 훈련 방법에 대한 자료들이 나온다면 더 많은 발전이 기대가 됩니다. 앞으로도 사이클에 대한 만화책이나 트레이닝 책들이 많이 보급되어 대중화가 되었으면 하는 마음입니다.

2018년 2월 평창 동계올림픽 폐막식 즘에서

감 사

　세상을 살아가면서 혼자의 힘으로 살아갈 수 없듯, 이 책을 작업하면서 많은 분을 떠올리게 됩니다. 먼저 자식이 잘 되기를 바라면서 하는 일이 탐탁지 않음에도 끝까지 걱정을 해주시는 부모님을 떠올리게 됩니다. 임종도 못 보고 이별했던 아버님 생각에 가슴에 사무치기까지 합니다. 요양원에 계시는 어머님께 제대로 말씀도 못 드리고 있는 심정에 마음까지도 공허하기까지 합니다. 아무튼 부모님께 감사를 드립니다.

＊강승규 교수님｜ 현재 코리아 트라이애슬론 서비스(KTS)를 운영하고 계시고 외국의 트라이애슬론 정보를 알려주시어 우리나라 트라이애슬론 발전에 크게 이바지하는 분으로 KTS를 통해 자료를 참고하였습니다.

＊김지연 님｜ 트라이애슬론 국가대표 선수로 활동을 하고 있으면 사이클 자세, 기술적인 트레이닝 및 롤러트레이닝, 아쿠아 트레이닝에 모델이 되어주었고 앞으로도 국가대표로 사명감 있게 더 발전하기를 바랍니다.

＊김진옥, 박영무 님｜ 부천대 제자로 박영무 님은 맨몸트레이닝, 김진옥 님은 기본적인 스트레칭 및 트레이닝 전반에 걸쳐 좋은 자세가 나오도록 야외에서 추위를 참으며 포즈를 취하느라 고생을 많이 했고, 경험을 통해 트레이닝 부분에 대한 조언도 주셨습니다.

＊이　옥 님｜ 부천철인클럽의 원년 멤버로 사이클 기본자세에 대하여 바쁜 시간을 할애해 주셨습니다.

＊윤명구 님｜ 학교 선배로 현재 일산의 파란짐에서 트레이너로 근무하고 계십니다. 장소 제공과 사진촬영에 도움을 주셨습니다.

＊윤선이, 배은순 님｜ 딱딱한 내용을 조리 있게 잘 정리해 주면서 아낌없는 조언을 해주셨습니다.

＊하현이 님｜ 아마 이 책을 만들면서 제일 신경을 많이 쓰신 분입니다. 책표지와 내용을 잘 편집해준 하현이 님 덕분에 더 보람을 느끼게 됩니다.

　그 외에도 국가대표 트라이애슬론 신진섭 감독님, 최병윤, 여창재, 이상용, 박선호 후배님들, 자전거에 대한 열정이 가득한 여러 선생님들께 깊은 감사의 말씀을 전해 드리고 싶습니다. 그리고 어려운 현실에 출판에 신경을 써주신 해드림 출판사 여러분께 감사를 드립니다.

목 차

Chapter.1 Bike Safety
사이클 입문 ·········· 3
1. 자전거 시작 ·········· 4
2. 자전거로 할 수 있는 것들 ·········· 9
3. 기본적인 준비물 ·········· 10
4. 자전거 안전 점검 ·········· 12
5. 자전거 분실 예방을 위한 Tip ·········· 14
6. 자전거 통증을 예방하는 Tip ·········· 16

Chapter.2 Bike Safety
사이클 장비 구입 ·········· 19
1. 장비 구입 ·········· 20
2. 전문적인 장비 구입 ·········· 21

Chapter.3 Bike Safety
사이클 구조 ·········· 27
1. 사이클 구조 ·········· 28
2. 사이클 부품 ·········· 31
3. 사이클의 종류 ·········· 34

Chapter.4 Bike Safety
사이클 주행 자세 및 기술 ·········· 37
1. 사이클 주행 자세 ·········· 38
2. 사이클 주행 기술 ·········· 40
3. 사이클 페달링 훈련 ·········· 45

Chapter.5 Bike Safety
사이클 기본 기술 ·········· 47
1. 사이클 기초 적응 단계 ·········· 48
2. 사이클 단체 적응 단계 ·········· 52
3. 장애물 주행 기술 ·········· 53

Chapter.6 Bike Safety
사이클 트레이닝 방법 ·········· 55
1. 사이클 트레이닝 방법 ·········· 56
2. 기술적인 트레이닝 ·········· 60
3. 효과적인 주행 기술 습득 ·········· 61
4. 여름철과 겨울철 사이클 훈련방법 ·········· 62

Chapter.7 Bike Safety
사이클 롤러 트레이닝 ·········· 65
1. 사이클 롤러 트레이닝 ·········· 66
2. 평롤러 적응 트레이닝 ·········· 70

Chapter.8 Bike Safety
사이클 기초 트레이닝 ·········· 75
1. 준비운동(Warming up) ·········· 76
2. 스트레칭(Stretching) ·········· 79
3. 정리운동(Cool down) ·········· 88
4. 난간 스트레칭 ·········· 94
5. 맨몸 트레이닝(Body Training) ·········· 101
6. 바벨 트레이닝(Babell Training) ·········· 108

Chapter.9 Bike Safety
사이클 경기력 향상을 위한 트레이닝 ·········· 115
1. 서킷트 트레이닝(Circuit Training) ·········· 116
2. 머신 트레이닝(Machine Training) ·········· 119
3. 크로스 트레이닝(Cross Training) ·········· 126
4. 심박수 트레이닝(Heart Rate Training) ·········· 127

Chapter.10 Bike Safety
사이클 재활 트레이닝 ·········· 133
1. 튜빙 트레이닝(Tubing Training) ·········· 134
2. 짐볼 트레이닝(Gym boll Training) ·········· 142
3. 아쿠아 트레이닝(Aqua Training) ·········· 146
4. 기타 트레이닝 ·········· 148

Chapter.11 Bike Safety
사고 예방을 위한 트레이닝 ·········· 149
1. 자전거 사고 ·········· 150
2. 수신호 요령 ·········· 156
3. 도로 교통법 ·········· 159
4. 안전을 위한 준비와 응급처치 트레이닝 ·········· 163
5. 휴식과 슬럼프를 위한 트레이닝 ·········· 167

1장

Chapter.1  Bike Safety

사이클 입문

01 자전거 시작

　사이클(Cycle)은 근대 올림픽이 시작되던 1896년 아테네 올림픽부터 시작되었고 2회 파리 올림픽 대회에서는 트랙 종목도 채택이 되어 3회 세인트루스 대회를 제외하고는 매회 대회가 실시되고 있다. 현재 올림픽에서 자전거 경기의 종목에는 도로, 트랙, MTB, BMX 등 4가지 종목이 있다. 우리나라에서는 1946년 자전거 연맹이 발족되어, 1947년 세계사이클연맹(UCI)에 가입하였고 국제무대에 활동할 수 있는 발판을 마련하여 14회 1948년 런던 올림픽 대회 처음 참가를 하였다.

═══════════════ 각 단체 로고 및 목적 ═══════════════

국제사이클연맹(UCI)	아시아사이클연명(ACC)	대한자전거연맹(KCF)

자전거 타기를 발전시켜, 각국 연합 단체와 긴밀한 협의로 선수들 간 공정한 경쟁을 통한 체력을 향상시키고 건강을 증진시킬 뿐 아니라, 교통수단이나 건강한 여가 생활로 즐길 수 있도록 노력한다.	아시아 사이클 회원국의 친선을 도모하고 더 나아가 후진국에 대한 원조를 하며 아시아 선수권대회 및 아시아주니어 선수권대회를 주최하여 아시아 사이클의 경기력 발전을 도모하는 목적	사이클 경기운동을 국민에게 널리 보급하여 국민체력을 향상케 하며, 건전하고 명랑한 기풍 진작하고 아마추어 경기인 그 단체를 통괄 지도하고, 우수한 경기자를 양성하여 국위선양을 도모함으로써 국민 문화발전에 이바지

1) 우리나라의 자전거 역사

우리나라에서의 자전거 역사를 정확하게 거론하기는 어려우나, 20세기에 근대문명이 들어오면서부터 서양의 선교사들이나 개화기의 개혁파 인사들이 처음으로 들여왔으리라 추측된다. 1950년 후반부터 자전거가 생산되어 점차적으로 늘어난 자전거는 1960~1970년 사이에는 실용적인 교통의 수단으로 사용되었으며 현대에 이르게 되었다.

사이클 경기는 1900년대 초 일본에 의해서 도입되어 1906년 4월 22일 처음 개최가 되었으나, 본격적으로 대회가 발전된 것은 1913년 이후였다. 특히 1920년대는 일제 침략의 암울한 시대에 한국 선수와 일본 선수가 동시에 경기에 참가할 수 있었고, 우리나라 선수들은 자전거 경기를 통해서 민족정신을 크게 일깨우는 역할을 하였다. 특히 엄복동 선수는 일본 선수들을 제치고 우승을 차지하여 실의에 빠진 국민들에게 한민족의 희망을 주는 계기가 되었다.

민족의 영웅 엄복동 선수

엄복동 선수가 타던 자전거

아시아 대회로 처음 참가를 하게 된 경기는 1958년 일본의 동경대회로 도로 경기에서 우승하여 국제 대회 첫 메달을 획득함으로써 도로 사이클의 기틀을 마련하는 계기가 되어 매년 국제 대회에서 좋은 성적을 거두고 있다.

86년 아시안 게임과 88년 올림픽을 기점으로 각 지역에 사이클 트랙(벨로드롬) 경기장이 신설되면서부터 선수들의 기록이 향상되고 있어 시설투자와 경기력이 상관관계가 있음을 알 수가 있기에 꿈나무와 우수선수 육성과 시설투자에 인색해서는 안 될 것이다.

제18회 동경대회 대표선수단
「대한자전거연맹 자료참고」

2) 앞으로의 과제

최근 4대강 자전거 길이 만들어지면서 자전거 타는 사람들이 늘어나고 있고 자전거 대회도 많이 개최되고 있다. 새로운 레저스포츠의 일환으로 자전거는 온 국민들이 즐길 수 있는 문화가 되어야 하기에 앞으로 추진되어야 할 과제들이 많이 있겠다.

약물복용으로 논란이 되고 있지만 미국에는 전설적인 사이클 영웅 랜스 암스트롱이 있듯이 우리나라에도 국민들에게 희망이 되는 엄복동 선수가 있었음을 기억하고 앞으로 제2, 제3의 엄복동 선수가 나왔으면 한다. 사이클 선수 중에서 한국을 대표하는 선수들이 많이 배출되어 대중 스포츠로서의 자전거가 누구에게나 도전할 수 있고 자전거를 통해서 건강과 삶의 희망을 얻었으면 한다.

3) 자전거와 관련된 직업들

자전거 종류도 쓰임새에 따라서 여러 가지가 있듯이 자전거에 관한 직업들도 이제는 다양해지고 세분화되고 있기에 전망 있는 유망 직업으로도 추천할 만하다.

사이클 및 경륜선수, 코치, 트레이너	사이클 대회가 늘어남에 따라서 일반 동호인들도 생활체육의 일환으로 대회에 참여하게 된다. 어려서부터 체계적으로 훈련을 받게 된다면 일반적인 선수층도 두터워져 선수 선발에서도 유리하게 작용을 하게 되어 엘리트 선수들의 실력도 덩달아 좋아지게 된다. 경험이 있는 선수들이 다시 코치나 지도자가 되어 우수한 인재를 발굴해 낸다면 그 가치는 충분하겠다.
자전거 지도자	자전거 지도자는 아무나 가르치는 것이 아니라 자격과 경험이 있는 진정성 있는 지도자가 되어야 하기에 이론과 실기를 병행해야 하고 자전거에 대한 전반적인 지식을 갖추고 있어야 한다.
자전거 메케닉	전문 자전거의 수요가 늘어남에 따라 일반 자전거 보다 고급 자전거에 대한 구조와 시스템 그리고 정비할 수 있는 전문적인 메케닉이 필요하게 된다. 요즘 들어 자전거를 전문적으로 세차해주는 곳도 있어 관심을 가져볼 만하다.
자전거 핏터	자전거를 내 신체 조건에 맞게 피팅 해주는 전문가로 경기력 향상과 부상을 예방시켜주는 역할도 하기에 앞으로 주목이 된다.
자전거 여행 가이드	일반적인 여행에서도 즐겁고 안전하게 목적지를 가려고 하면 가이드와 같이 동행하듯이 자전거 여행에서도 가이드가 절대로 필요하게 된다. 현재 국내는 물론 외국 자전거 여행 투어도 서서히 진행되고 있다.
자전거 정책 및 행정가	자전거에 관한 법률과 규율, 제도 및 정책들을 연구할 수 있는 전문적인 연구원이나 행정가도 앞으로 자전거 정책을 발전시키기 위해서는 필요한 직업들이다.

4) 해외 유명한 사이클 대회

(1) 투르 드 프랑스(Tour be France)

프랑스를 일주하는 대회로 1903년도부터 시작되었다. 매년 7월 중 23일간의 일정으로 대장정의 대회가 열린다. 프랑스를 일주하지만 유럽의 스페인·이탈리아·안도라·스위스·벨기에·네덜란드 등을 통과한다. 대회는 21개 구간으로 나누어지며 구간별 기록의 합계가 가장 빠른 선수가 개인종합 우승자가 된다. 총거리는 대략 3,000~4,000km 정도 된다. 대회 우승자는 옐로우 져지를 입는다. 가장 유명한 선수는 고환암을 극복하면서 대회 7연패를 차지한 미국의 랜스 암스트롱 선수이다.

(2) 지로 디 이탈리아(Giro d' Italia)

이탈리아를 일주하는 대회로 1909년도부터 시작되었다. 매년 5월에 대회가 열리고 대회 기간은 3주이다. 대회는 투르 드 프랑스를 모방해서 만들었는데 21개 구간으로 총거리는 3,000km 정도 된다. 대회 우승자는 분홍색 져지를 입는다.

(3) 벨타 아 에스파냐(Vuelta a Espana)

스페인 전역을 일주하는 대회로 투르 드 프랑스와 지로 디 이탈리아 대회보다 늦은 1935년부터 시작되었다. 매년 7월~9월로 기간은 3주이다. 대회 코스는 3개 메이저 대회 중 가장 험난한 산악코스로 유명하다. 21개 구간 3,000km 정도 된다. 대회 우승자는 금색 져지를 입는다.

5) 우리나라 사이클 대회

(1) 투르 드 코리아(Tour be Korea)

투르 드 코리아는 유럽 사이클 대회를 모델로 삼아 2007년에 시작하여 대한민국을 전역을 돌며 일주일간 경기가 진행되고 있어 선수들의 극한의 인내와 체력이 요구되는 경기로 현재 조금씩 발전하는 단계에 있다. 국제사이클연맹(UCI)이 정한 2등급의 대회로 거리는 1,400km 정도로 아직은 참가 인원과 수준이 미약하지만 동아시아 최고 수준의 대회로 발돋움하고 있다. 한국 각 지역의 도로를 순회하는 코스로 설계되어 지역 경제 활성화와 관광지 홍보에도 밀접한 영향을 주고 있다. 일반 동호인들도 스페셜 대회에 20여 개의 팀들이 참가를 하고 있어 매년 열기를 더하고 있고 관심도 높아지고 있다.

(2) 대회 포스터

2010년

2011년

2012년

2013년

2014년

2015년

2016년

2017년

02 자전거로 할 수 있는 것들

자전거를 탈 줄 알면 그다음 목표는 장거리 라이딩, 4대강 및 국토종주, 혹은 철인3종경기 도전 등에 관심을 가지게 될 것이다. 일반적으로 10km 달리기를 완주하게 되면 최종적으로는 마라톤 풀코스 완주에 목표를 가지게 되듯이 자전거도 꾸준히 연습을 하게 되면 그 꿈은 반드시 이루어지게 마련이다. 이러한 도전들이 특별한 사람들의 전유물은 아니라는 것을 다시 한번 강조하고 싶다.

공원 산책

자전거를 타고 가장 일반적으로 할 수 있는 활동으로 심신의 건강을 위해서 즐겁고 자연스럽게 자전거를 접할 수 있는 유형이다.

자전거 여행

개인이 가보고 싶은 목적지를 설정해 자전거를 이용하여 자연과 함께 다양한 형태의 여가를 즐기는 유형이다.

자전거 퍼레이드

업체나 각 지자체에서 자전거 퍼레이드를 통해서 행사의 취지를 알리거나 보급시키는 형태로 홍보를 위해 참여하는 유형이다.

자전거 안전 캠페인

청소년이나 성인들이 자전거 사고 예방을 위하여 사람들이 많이 다니는 공공장소에서 지속적으로 시민들에게 안전 캠페인을 홍보하는 유형이다.

4대강 종주 및 국토종주

4대강 주변 자전거길이 완공되면서 한강, 낙동강, 영산강, 금강의 자전거 길을 연결하여 국토를 완주하는 유형이다.

자전거 국토순례

아름다운 우리나라의 국토를 자전거로 여러 명이 무리를 지어 완주하는 형태로 최소한 400km 이상 거리를 완주하는 유형이다.

일반 대회 참가

일반인이 참가하는 대회로 코스와 난이도에 따라 연맹이나 지방연맹에서 개최되는 대회를 참가하는 유형이다.
「대한자전거연맹 자료참고」

투르 드 코리아 참가

투르 드 코리아는 엘리트부와 일반부로 나누어 경기가 개최되는데 좀 더 세밀하게 준비하는 단계로 대회를 참가하는 유형이다.
「대한자전거연맹 자료참고」

철인3종경기 참가

다양한 스포츠 경험을 얻기 위해 철인3종경기도 참여를 한다. 경기 거리에 따라서 올림픽 코스와 아이언맨 코스로 나누어져 있기에 개인의 취향에 따라서 대회에 참가하는 유형이다.

03 기본적인 준비물

자전거를 목적에 따라서 안전하게 타기 위해서는 준비해야 할 것들이 있다. 특히 초보자들은 기본적인 장비에 소홀히 해서는 안 된다. 개인의 안전을 위해서 반드시 구입되어야 한다.

(1) 사이클

사이클 시합을 준비하고 있다면 최소한 바퀴가 쉽게 분해될 수 있는 Q.R레버가 있어야 펑크시 쉽게 수리가 가능하다. 가급적이면 가벼운 사이클이 체력 소모가 적다.

(2) 헬멧

사이클 구입 후 그다음으로 구입을 해야 할 품목이 헬멧이다. 머리 형태에 따라서 잘 맞는지 착용감을 확인해 보아야 한다. 너무 조이는 헬멧은 장거리에 적합하지 않다. 인터넷에서 구입하는 것보다는 매장을 둘러보면서 사는 것이 시간은 걸려도 효과적이다.

(3) 썬그라스

고글은 도로에서의 먼지와 벌레들로부터 눈을 보호할 수 있고 햇볕으로 인한 눈의 피로를 예방할 수 있다. 개인의 얼굴 형태에 따라서 다르기 때문에 눈에 최대한 밀착되는 것으로 구입을 하는 것이 좋고 헬멧과 같이 착용을 해보고 멋과 편안함을 느껴야 제격이다.

(4) 장갑

넘어지거나 다쳤을 때 장갑을 끼고 안 끼고는 차이가 크게 난다. 장거리를 타게 되면 통증 예방에도 도움이 된다. 초보자는 처음 자전거를 탈 때 손에 너무 힘을 주기 때문에 원활하게 브레이크를 잡거나 핸들을 조작할 때 편리하다.

(5) 바지

바지는 되도록이면 흰색 계통은 피한다. 가장 일반적인 검은색 계통의 신축성이 있는 편한 바지를 선택한다. 바지의 통이 너무 크면 페달을 돌릴 때 바지가 걸리게 되어 불편하다.

(6) 상의

상의는 짧은 반팔보다는 땀 흡수가 잘되고 눈에 띄는 밝은 색 계통의 긴 옷을 입는다.

(7) 신발

쿠션이 있는 신발보다는 페달이 미끄러지지 않도록 밑창이 딱딱하고 돌기가 있는 제품이 좋고 신발 끈이 풀러지지 않도록 주의를 한다.

(8) 안전조끼

안전조끼는 야간에 자전거를 탈 때 운전자의 눈에 쉽게 여러 사람의 눈에 잘 보이도록 안전을 위해서 착용을 하는 것이 바람직하다.

(9) 안장커버

처음 자전거를 타게 되면 제일 부담이 되는 곳이 엉덩이이다. 딱딱한 안장에 적응이 되려면 시간이 걸리기 때문에 안장 커버를 이용하게 되면 쉽게 자전거에 적응이 될 수 있다.

04 자전거 안전 점검

자전거를 안전하게 타기 위해서는 기본적인 점검이 필요하다. 항상 타기 전에 미리 확인하는 습관이 되어야 한다.

● (1) 가볍게 떨어뜨려 본다.

자전거를 타기 전 이상 유무를 확인하기 위해서 가볍게 들어서 바닥에 살짝 떨어뜨려 본다. 만약 이상한 소리가 들리게 되면 조치를 한다.

● (2) 브레이크 작동 유무

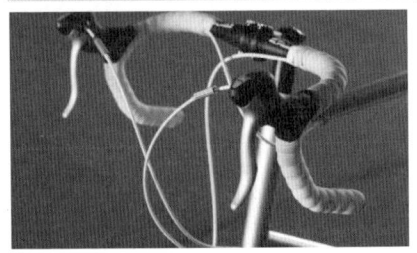 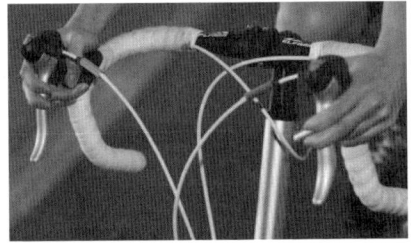

자전거를 탈 때 가장 중요한 역할을 하는 것이 브레이크이다. 항상 타기 전에 브레이크를 제일 먼저 점검해야 한다. 양쪽 브레이크를 잡았을 때 바퀴가 움직이거나 밀리지 않아야 한다.

안전을 위해서 브레이크에 항상 손이 가 있어야 한다.

● (3) 핸들바

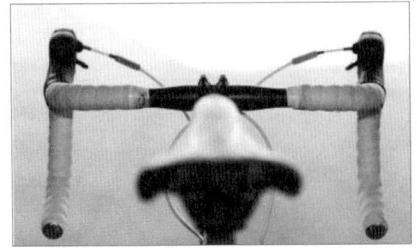 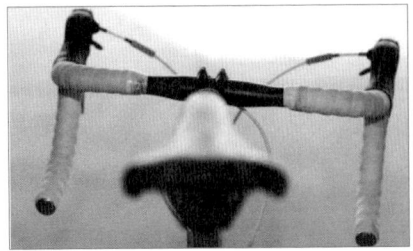

핸들이 좌, 우로 틀어지지 않았는지 확인한다. 충격에 의해서 핸들이 틀어질 수 있다. 항상 차체와 핸들바가 +가 되어야 한다.

후면에서 보았을 때 핸들이 우측으로 틀어져 있다.

(4) 안장

안장이 차체와 바르게 되었는지 확인한다. 측면에서 보았을 때 안장이 수평이 되어야 하고 후면에서 안장이 옆으로 틀어졌는지 확인해준다.

후면에서 보았을 때 안장이 우측으로 틀어져 있다.

(5) 타이어 공기압

타이어의 공기압은 사람의 체중에 따라 다르기 때문에 출발하기 전에 미리 확인을 해주고 손가락으로 눌렀을 때 타이어가 들어가지 않을 정도로 공기압을 유지해 준다.

(6) 페달

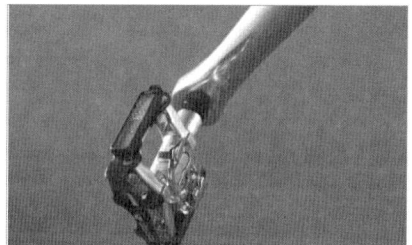

페달과 크랭크의 흔들림이 있는지 확인을 해준다. 가끔 소리가 날 수 있으니 부드럽게 유지하기 위해서 윤활유를 쳐준다.

05 자전거 분실 예방을 위한 Tip

저가형의 자전거를 분실해도 속이 상하는데 고가형의 자전거를 분실했다면 그 심정은 어떨까? 아마 억장이 무너질 정도의 상실감이 크리라 본다.

우리나라뿐만 아니라 외국의 선진국도 자전거 분실 때문에 골칫거리가 되고 있듯이 자전거는 분실되지 않게 잘 보관해 주어야 한다. 저자는 식당을 갈 때도 자전거가 눈앞에 보이는 곳에서 식사를 하고 자전거 보관도 아예 집에다 모셔둔다.

훔쳐 갈 마음으로 기를 쓰게 된다면 어쩔 수 없겠지만 분실되지 않게 미리 대비를 해주어야 한다. 혹시 자전거를 훔치게 되면 어떻게 될까? 자전거를 훔치게 되면 **"절도죄"**가 성립이 되기에 호기심으로 자전거를 훔치게 되면 처벌을 받게 되니 이점은 명심해야 한다. 특히 고가형 자전거는 인터넷에 수배를 하게 된다면 찾을 확률도 높다.

1) 자전거 사진을 직접 찍어 두어라.

자전거를 분실했을 때 내 자전거임을 증명할 수 있는 증거가 있어야 한다. 그러기 위해서는 미리 사진을 찍어 두는 것이 좋다.

2) 자전거 제품 번호를 알아두어라.

자전거에는 고유의 제품 번호가 있다. 크랭크 아래쪽에 제품번호가 새겨져 있는데 제품 번호를 알게 되면 자전거 분실 시 내 거임을 증명할 수가 있다.

3) 자전거 부품의 스펙을 알아야 한다.

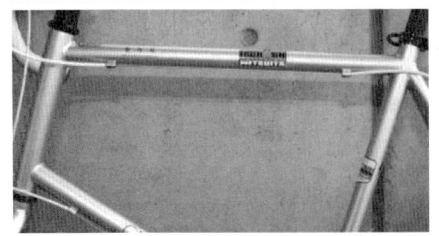

자전거에는 고유의 이름이 있고 부품의 등급이 있기에 자전거 전체 스펙을 잘 알아두어야 한다. 부품을 업그레이드하게 되면 더 잘 알 수가 있다. 스펙을 모르면 구입한 제품의 홈페이지를 참고하면 좋다.

4) 자전거 특징을 알아야 한다.

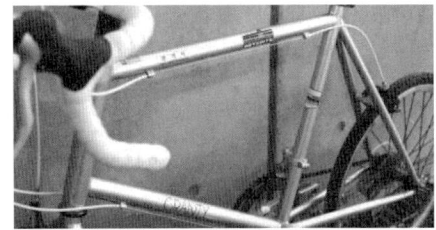

본인의 자전거는 본인이 더 잘 알기에 어디에 흠집이 있는지 유심히 살펴본 다음 잘 표시해 두어라. 개인마다 자전거 보관에 상태에 따라서 다르게 나타난다.

5) 자전거를 열쇠로 이중으로 잠궈라.

화장실이나 잠시 급하게 볼일을 볼 때는 자전거를 이중으로 잠가 두는 것이 마음 편하다. 열쇠로 잠굴 때 바퀴의 Q.R 레버가 있는 바퀴 쪽만 묶게 되면 바퀴만 그대로 있고 차체만 분실될 수 있으니 이중으로 보관을 하는 것이 안전하다.

6) 항상 눈앞에 자전거가 보여야 한다.

식사를 할 때도 자전거가 눈에 띄는 곳에 있어야 하고, 자전거 보관할 때도 한적한 곳보다는 사람이 많이 지나다니는 곳에 보관이 되어야 한다. 베란다보다는 집안이나 사무실 안에 보관되어야 분실된 위험이 적다.

7) CCTV를 활용하라.

요사이 CCTV가 활성화되고 있어 반경 1Km 주변은 확인할 수 있다. 그러기 위해서는 경찰의 상호 협조가 필요한데 이때 본인의 자전거임을 입증할 수 있는 자료가 필요하다.

8) 인터넷을 활용하라.

인터넷을 활용하여 분실된 자전거를 공개적으로 수배하거나 근처 자전거 매장이나 자전거에 관련된 곳에 분실신고를 한다. 6하 원칙으로 자세하게 올려야 한다.

06 자전거 통증을 예방하는 Tip

장거리 자전거 시합을 하거나 여행을 할 때는 미세한 것에 대해 예민해 지거나 불편함을 느낄 때가 많이 있다. 특히 신체에 느껴지는 통증을 예방하기 위해서는 기본적인 사항을 알게 되면 편하게 자전거를 탈수 있다. 마찬가지로 장비를 내 몸에 맞는 것을 구비하기 위해서는 많은 노력과 시간이 필요하다.

(1) 차체

자전거를 선택할 때 가장 중요한 것은 몸에 맞는 차체를 선택해야 한다. 내 몸에 맞아야 제대로 기능을 발휘할 수가 있기에 자전거를 구입하기 전에 미리 사이클과 MTB 사이즈를 알아놓아야 한다.

(2) 핸들바

개인의 신체 특성에 따라서 선호하는 스타일이 다르기 때문에 핸들바 역시 중요하다. 특히 허리가 아픈 분들에게 사이클용 드롭바 를 사용하게 되면 장거리 여행이 허리에 통증을 더 느끼게 될 수 있기에 허리를 펼 수 있는 MTB형의 라이저형 핸들바가 더 편하게 느낄 수 있다.

(3) 안장의 높낮이

안장을 너무 높이거나 낮게 자전거를 타게 되면 무릎에 무리가 가거나 효율적으로 페달을 돌리기 못하기에 개인의 신체 특성에 따라서 안장의 높낮이를 조절해 준다.

(4) 스템

스템도 자전거 포지션을 유지하는데 중요한 역할을 한다. 신체에 따라서 스템의 크기가 다르다. 보통 고정용 스템이 대부분이지만 라이딩의 스타일에 따라 각도를 조절하는 스템도 시판되고 있다.

(5) 안장

처음 초보자들에 자전거에 접했을 때 가장 통증을 먼저 느끼는 것이 엉덩이 부분이다. 요사이 전립선 때문에 자전거에 두려움을 느끼는 사람들이 있겠지만 이를 극복하는 전립선 안장들이 나오고 있다.

(6) 안장 커버

딱딱한 안장에 적응하기 어렵다면 안장 커버를 사용하게 되면 엉덩이 통증이 덜 하게 된다. 그렇지만 조금씩 시간을 늘려가면서 자전거를 타게 되면 적응을 하게 된다.

(7) 휴식 및 스트레칭

똑같은 포지션으로 장거리를 타게 되면 우리 몸은 긴장으로 인해 저리거나 통증이 오기에 이럴 때는 휴식을 취하거나 가볍게 몸을 풀고 부위별로 스트레칭을 하게 되면 한결 수월해진다.

(8) 웨이트 트레이닝

장비를 교환하였다고 해서 통증은 사라지는 것이 아니라 개인의 신체 건강 상태에 따라서 예전에 부상을 당했거나 약한 부위는 꾸준한 트레이닝을 통해서 통증을 예방하도록 하자.

(9) 테이핑 및 맛사지

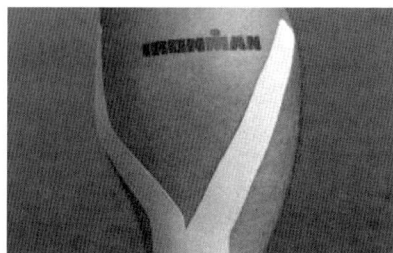

근육이 약해지면 근발런스가 떨어지게 때문에 통증 부위에 테이핑이나 마사지를 해주게 되면 통증을 감소시켜주는 역할을 한다.

(철인 유성조 作)

JAPANESE TECHNOLOGY — CYCLING SUPERIORITY

CC-RD430DW
STRADA DIGITAL WIRELESS
2.4 GHW
\ 198,000

CC-RD410DW
STRADA DIGITAL WIRELESS
2.4 GHZ
\ 135,000

RD310W (무선, 초박형)
STRADA SLIM
\ 78,000

Black | White | Red | Silver

Road용 센서
MTB/Road 겸용
Universal

CC-PA100W
PADRONE
\ 78,000
와이드스크린
무선(대형)

Black | White | Blue | Green | Pink | Orange | JCT Red | JCT Green | JCT Yellow

CC-VT235W
VELO+
(무선 와이드, 칼로리)
\ 59,000
BACK LIGHT

CC-MC200W
MICRO
(무선 와이드, BACK LIGHT)
\ 68,000

CC-MC100W
MICRO
(무선, BACK LIGHT)
\ 58,000

CC-VT230W
VELO
(무선 와이드, 칼로리)
\ 49,000

Black | White | Red | Blue | Orange | Green | Pink

EL1010 RC (5모드)
VOLT 1200 (초강력 USB 간편 충전)
\ 290,000

EL460 RC (5모드)
VOLT 300 (초강력 USB 간편 충전)
\ 68,000

EL150 RC (5모드)
VOLT 100 (초강력 USB 간편 충전)
\ 39,000

EL-135
3LEDs (배터리 320h)
\ 27,000

     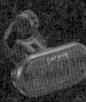 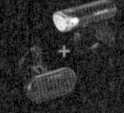

Nima2 LD135R
\ 15,000

Nima2 LD135F
\ 13,500

LD700R
\ 39,000

LD635R
\ 39,000

LD650R
\ 39,000

LD135R
\ 15,000

AU165
\ 15,000

EL135N+LD135 SE
\ 39,500

서울시 강동구 강동대로 143
삼성파크타워 / 02)425-2501

수입판매원
SINCE 1965

(주)경일스포츠

2장 사이클 장비 구입

Chapter.2 Bike Safety

01 장비 구입

사이클을 하는데 있어 장비는 필수적이다. 사이클이라고 해서 단순하게 사이클만 준비해야 하는 것이 아니라 다양한 장비가 필요하다. 그렇기 때문에 초보자나 특히 학생들이 시작하기에는 다소 경제적인 부담이 될 수 있으나 그만큼의 가치와 매력이 있는 스포츠인 것은 확실하다. 개인의 경제적 사정에 따라서 장비를 구입하자. 그리고 차후 사이클에 매력을 알게 되었을 때 더 많은 투자를 해보자. 사정에 따라서 중고 장비에 관심을 갖는 것도 좋은 방안이다.

꼭! 최고의 장비가 아니더라도 국내에서 시판되는 사이클도 괜찮다. 값비싼 장비가 중요한 것이 아니라 연습량이라는 것을 항상 염두에 두자.

사이클 구입시 주의사항

사이클은 웬만한 중고차의 가격과 비슷하기 때문에 처음 구입할 때 신중을 기해야 한다. 또 차체(프레임)는 개인의 신장에 따라서 차이가 나기 때문에 양복을 맞추는 것처럼 해야 장거리를 탈 때에도 부담이 덜 가게 된다.

무조건 사이클이 마음에 든다고 무턱대고 사이클을 구입하는 것은 옳지 않다. 현명한 구입을 위해서는 기본적인 계획을 세워야 한다.

- 사이클 가격의 예산을 세운다.
인터넷의 보급과 국내에서의 사이클 매장이 증가에 따라서 어느 정도는 가격을 예상할 수 있다. 개인의 능력에 따라서 가격을 설정해야 한다.

- 사이클 구입 시 조언을 해 줄 코치(조언자)가 필요하다.
초보자는 처음에 사이클에 대해서 잘 모르기 때문에 조언을 해줄 동료나 코치가 필요하다.

- 사이클 부품의 등급의 차이를 알라.
부품의 가격도 회사에 따라서 1등급에서 4등급까지 차이가 난다. 선수가 아닌 이상은 기본적인 것을 사용하는 것이 무난하다. 예를 들자면 시마노 부품의 등급은 듀라에이스가 최상급이고 티아그라가 최하품이다. 보통 동호인 수준이라면 105 부품을 사용해도 무난하다.
  * 듀라에이스 ▶▶ 울테그라 ▶▶ 105 ▶▶ 티아그라

- 사이클 샵의 평판에 대해서 알라.
사이클 샵은 장비를 구입할 때만 가는 것이 아니라 계속적으로 유대관계를 해야 한다. 차후 시합 시나 연습시 A/S 받을 경우가 많기 때문에 정비를 잘 할 수 있고 친절한 곳을 선택해야 한다.

02 전문적인 장비 구입

사이클만 구입을 했다고 모든 장비의 구입이 끝난 것이 아니라 사이클과 더불어 같이 준비해야 하는 전문적인 장비가 있다. 구입 시 시간과 여유를 가지고 준비를 하는 것이 무난하다.

(1) 속도계

사이클에서 가장 비중을 많이 차지하는 액세서리이다. 외국에서는 컴퓨터라고 하고, 국내에서는 속도계라는 명칭이 일반적이다. 사이클을 타면서 시간, 속도, 평균 속도, 거리, 총거리 등을 알 수가 있어 운동시 페이스 유지와 운동 결과를 효과적으로 유지할 수 있는 장비이다.

(2) 페달

처음 사이클을 구입할 때는 일반적인 평페달로 나온다. 그리고 어느 정도 적응이 되면 클립리스 페달로 교체해 준다. 페달은 사이클을 움직일 수 있도록 다리의 힘을 크랭크에 전달해 주는 부품으로 신발과 연결되어 사이클의 회전력을 최상으로 만들어 준다.

| 페달의 종류 |

일반 페달	MTB 페달	사이클 페달
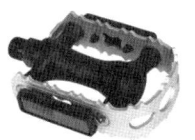		
일반 자전거나 저가형 자전거에 주로 사용.	MTB 페달은 앞, 뒷부분이 같기 때문에 쉽게 신발을 연결할 수 있다.	토클립 페달의 단점을 보완한 것으로 발을 빠르고 쉽게 뺄 수 있다.

(3) 신발

중요도를 따지자면 페달과 함께 한 쌍을 이룬다 해도 과언이 아니다. 클립리스 페달과 신발을 신고 경기에 임하면 기록도 단축되고 회전력도 좋아지게 된다.

| 신발의 종류 |

트라이애슬론용

접착 스트랩(Strap)이 하나로 신고 벗을 때 편리하다.

도로용

버클과 접착 스트랩이 2개로 되어 있다. 단단하고 발에 잘 맞게 조일 수 있다.

MTB용

클리트가 바닥으로 튀어나오지 않아 걸을 때 편하다.

(4) 클리트

클리트는 사이클 신발 밑바닥에 부착되어 페달과 신발을 연결해주는 부품이다. 시합시 클리트에 나사가 풀려 있게 되면 페달에서 신발을 분리할 때 분리가 잘 되지 않기 때문에 경기 전에 꼭 확인해야 한다.

| 클리트의 종류 |

사이클용

MTB용

(5) 유니폼

져지

타이즈

야외 사이클 훈련 중에는 기본적으로 유니폼을 착용해야 한다. 달리는 운전자들에게 쉽게 눈에 띄어야 하기 때문에 사이클 유니폼은 화려하다. 가끔 일반 T셔츠를 입고 사이클을 타는 것을 볼 수가 있는데 이것은 위험하다. 운동시 계절별로 한두 벌 정도의 유니폼이 있어야 한다.

(6) 펌프

펌프는 실내에서는 그렇게 필요하지 않지만 야외로 훈련을 나가게 되면 필요하다. 도로조건이 좋지가 않을 때는 펑크가 여러 번 나는 경우도 있다. 이제는 펌프의 부피도 많이 작아지고 성능도 좋아졌다. 기본적으로 휴대해야 할 도구이다.

| 펌프의 종류 |

미니형 펌프	플로어 펌프	CO_2

미니형은 휴대가 편하지만 작은 만큼 펌프질을 많이 해야 한다.	플로어 펌프는 부피가 커서 휴대가 불편하지만 한 번에 많은 양을 넣어서 시합 전에 타이어의 공기압을 조절하는데 좋다.	CO_2 카트리지는 빠른 시간에 작업을 마칠 수 있지만 1회용이라 시합 때만 사용하는 것이 좋다.

(7) 물통

사이클을 타다가 가장 많은 보급을 받게 되는 것이 물이다. 특히, 더운 여름 야외에서 훈련을 하거나 시합을 하게 되면 제일 요긴하게 사용된다. 기본적으로 사이클 다운튜브에 부착되어 사용.

(8) 물통 케이지

물통 케이지는 물통을 안전하게 보관해주는 역할을 해준다. 최근에는 카본이 주류를 이루고 있다.

(9) 안장가방

안장가방은 야외에서 훈련 시 많은 도움이 된다. 가방 안에는 예비튜브, 펑크패치, 휴대용 공구, 열쇠 등 필요한 소모품을 넣어둔다. 사이클에 맞게 실용적인 것을 고르는 것이 좋다.

(10) 예비 튜브

야외에서 훈련을 할 때 어떤 날은 3번 이상 펑크가 날 때도 있다. 시합 때도 그렇다. 당황하지 않게 항상 예비 튜브를 휴대해야 한다.

(11) 타이어 레버

펑크가 나면 튜블러형 타이어는 그냥 교체가 가능하지만 클린처형 타이어는 혼자 손으로 하기가 어렵기 때문에 도구를 이용해야 가능하고 최소한 2쌍이 필요하다.

(12) 공구

공구는 거창하게 많이 필요하지 않지만 간단하게 휴대할 수 있는 것으로 안장가방에 휴대를 해준다.

(13) 열쇠(자물쇠)

고가의 자전거를 도난당하게 되면 기분이 어떻게 될까? 도난당하기 전에 미리 대비를 해야 한다. 너무 싼 제품은 충격에 약하기 때문에 금방 파손될 수 있으니 견고한 제품이 좋다.

(14) 양말

일반적으로 양말은 그렇게 신경을 쓰지 않고 있지만 장거리 훈련을 많이 한다거나 전문적으로 사이클을 한다면 필요하다. 사이즈가 큰 양말을 신었을 때는 발이 밀리기 때문에 물집이 잡힐 수 있다. 너무 작은 양말은 불편할 수 있다. 현재는 기능성 양말도 많이 나오고 있고 발목이 짧은 양말을 선택한다.

(15) 구급함

누구나 부상에 대한 대비를 해야 한다. 특히 단체로 훈련을 할 시에는 부상에 대비해서 구급함을 팀에서 가지고 있어야 한다.

(16) 가방

시합을 할 때 가방을 메고 다니지 않지만 연습을 한다거나 근거리를 이동할 시에는 가방이 필요하다. 가방이 몸에 밀착이 되는 것을 선택해야 한다.

3장 Chapter.3 Bike Safety

사이클 구조

01 사이클 구조

사이클은 복잡하게 다양한 명칭을 가지고 있다. 우선 크게 차체, 변속 및 브레이크 세트, 그리고 바퀴 등 3부분으로 나누어진다. 세밀한 명칭은 모르더라도 기본적인 명칭은 알고 있어야 비상시 대처할 수 있는 능력이 생기게 된다.

1) 사이클 전체 일반 명칭

2) 차체 명칭

● 3) 차체(Frame)

사이클의 형태를 형성하고 있는 기본적인 골격이다. 차체를 이루고 있는 형태는 다이아몬드형 구조가 대부분이다. 사이클 제조 기술의 발달로 조금씩 형태가 변하고 있다. 차체의 재질로는 강철, 알루미늄, 카본, 티타늄 등이 사용되고 있는데 최근에는 알루미늄과 카본이 주류를 형성하고 있다.

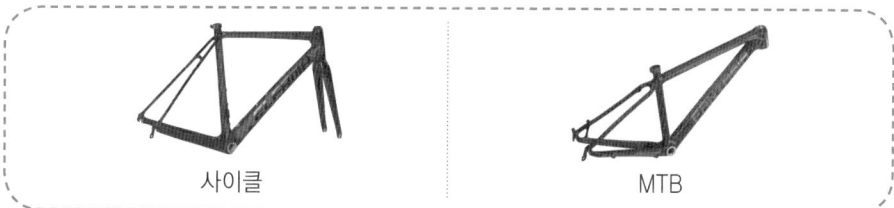

사이클   MTB

● 4) 핸들바(Handlebar)

사이클의 방향을 조정하는 장비이다. 보통 핸들이라고 부르는데 정확한 명칭은 핸들바라고 해야 한다. 종류도 드롭바와 뿔바로 나눈다. 철인3종경기에서는 뿔바와 에어로바를 연결한 일체용 핸들도 나오고 있는데 일반인들은 드롭바를 선택하는 것이 안전하다.

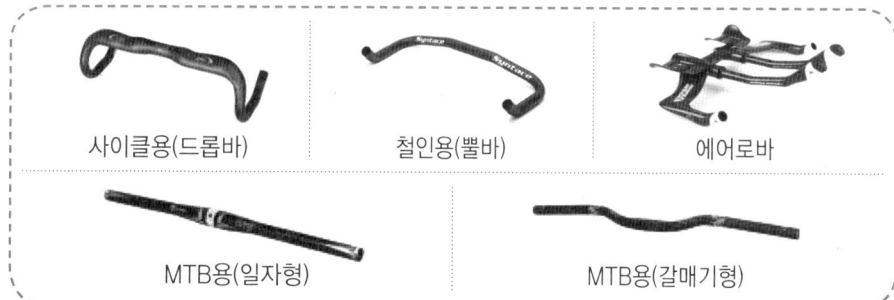

사이클용(드롭바)   철인용(뿔바)   에어로바

MTB용(일자형)   MTB용(갈매기형)

● 5) 스템(Stem)

핸들바와 포크를 연결해주는 부품으로 개인 신체에 따라서 각도와 길이를 맞추어 주어야 올바른 자세를 취할 수 있다. 예전에는 "ㄱ"자 모양(노멀 타입)의 형태로 주로 저가용 자전거나 아동용 자전거에 사용되고 이제는 가볍고 튼튼한 "ㅡ"자(어헤드 타입) 형태로 나오고 있는 실정이다.

 어헤드 타입    노멀 타입

6) 포크(Fork)

앞바퀴를 고정시켜주고 핸들바와 연결되어 사이클의 방향을 조절하는 역할을 한다. 도로에서의 충격을 흡수해야 하기 때문에 재질은 카본을 많이 사용한다.

사이클용 | MTB용

7) 안장(Seat)

사이클 안장은 보통 일반 자전거보다 딱딱하기 때문에 미리 적응이 되어야 한다. 최근에는 다양한 종류의 기능성 안장이 나오고 있고 신체적인 구조와 라이딩 스타일에 따라서 자신에게 맞는 것을 선택해야 한다. 안장도 남성용과 여성용이 구분되어 있다.

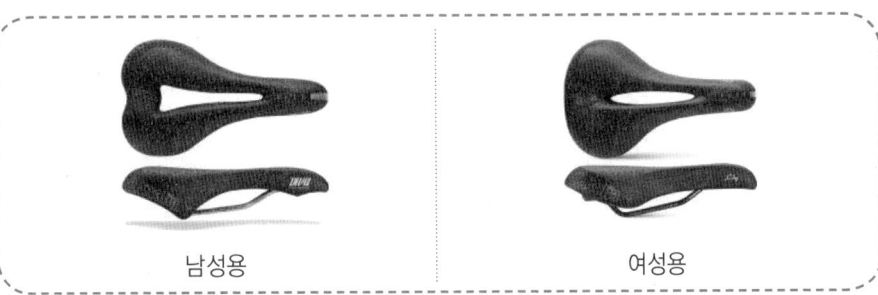

남성용 | 여성용

8) 바퀴(Wheel)

바퀴는 자전거의 손과 발에 해당되기에 승차감에 상당한 영향을 미치게 된다. 허브, 림, 스포크, 타이어로 구성되어 있고 공기저항을 위해서 디스크 바퀴도 보급이 많이 되고 있는 실정이다.

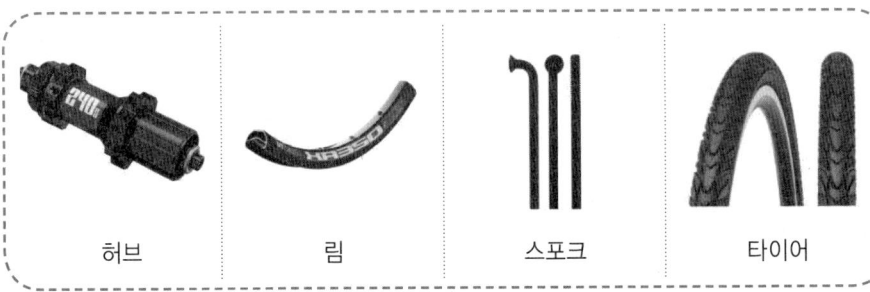

허브 | 림 | 스포크 | 타이어

02 사이클 부품

사이클의 부품도 등급에 따라서 가격 차이가 많이 난다. 국내에서 가장 많이 유통되고 있는 것은 일본의 시마노(Shimano)사의 부품이다. 일반 자전거의 기어와 변속기에도 장착되어 있다. 개인이 타고 있는 부품의 등급도 제대로 알고 있어야 한다.

◉ 105
보통 초보자 입문자를 위한 사이클에 사용되는 부품이다.

◉ 울테그라
중급자나 상급자를 위한 부품이다.

◉ 듀라에이스
차상급자나 프로 선수들을 위한 최상의 부품이다.

※ 시마노(Shimano)와 캄파놀로(Campagnolo)부품 등급 비교

시마노(Shimano)	캄파놀로(Campagnolo)
① 듀라에이스(Dura-ace) 2×11단	① 레코더(Record) 2×11단
② 울테그라(Ultegra) 2×11단	② 코러스(Chorus) 2×11단
③ 105 2×11단	③ 아테나(Athenna) 2×10단, 3×11단
④ 티아그라(Tiagra) 2×10단, 3×9단	④ 센토(Centaur) 2×11단, 3×10단
⑤ 소라(Sora) 2×9단, 3×9단	⑤ 벨로체(Veloce) 2×10단

1) 업그레이드(Up-grade)

 처음부터 무리를 두고 부품을 구입하는 것보다는 개인의 실력과 능력에 따라서 조금씩 업그레이드하는 것이 좋다. 연습만 충분하다면 105 부품으로도 좋은 기록으로 완주할 수 있다. 나중에 개인이 기록 단축을 위한 경기나 좀 더 경제적인 여유가 있을 시에는 중요한 부분(BB나 허브 등)부터 먼저 업그레이드를 하는 것을 권한다. 그러나 부품이 좋다고, 무조건 시간이 단축되지는 않는다. 사이클의 성능이나 가격이 아닌 개인의 땀으로 이루어지기 때문에 운동량이 뒷받침되어야 한다.

(1) 페달

초보자들에게는 클립리스의 형태의 페달보다는 일반 평 페달을 사용하고 사이클에 숙달되었을 때 클립리스 페달 사용을 권장한다. 클립리스 페달은 회전력을 원활하게 해주기에 좋지만 처음 적응을 하는 초보자들에게는 신발을 빼는 방법에 익숙지 않으면 넘어질 경우 부상을 당하기에 처음에는 페달에서 신발을 빼는 연습을 해야 한다.

(2) 바퀴

 바퀴도 각 업체마다 가볍고 주행 성능이 우수한 제품을 꾸준히 개발하여 시장에 내놓고 있다. 처음에는 경제적인 것 때문에 바퀴도 연습용과 경기용을 구분 없이 같이 사용하였는데, 좀 더 세분화가 되면 연습용 바퀴와 경기용으로 구분을 해주면 오히려 경제적이다.

| 삼발이 | 림 | 디스크 |

 바퀴도 용도에 따라 디스크 형, 림이 없는 형, 삼발이 등 여러 가지가 있으니 개인의 취향이나 기후와 경기력에 따라 사용하기 바란다.

2) 중고 사이클 구입 요령

처음 입문을 하게 되는 동호인과 주머니 사정이 좋지 않은 학생이라면 아무래도 중고 사이클에 관심을 가지게 될 것이다. 중고 사이클도 잘만 구입을 한다면 좋은 결과를 얻을 수 있다. 중고 사이클을 구입하는 시기는 아무래도 대회가 끝난 시기부터 비수기(11월~2월)에 구입하는 것이 적기이다. 성수기(3월~10월)에 비해서 매물이 많고 값도 저렴하게 구입할 수가 있다.

03 사이클의 종류

1) 사이클

사이클은 사용 경기의 목적에 따라 아래와 같이 분류할 수 있다.

(1) 도로 사이클(Road Bicycle)

가장 일반적으로 접할 수 있는 사이클로 장거리 도로 주행에 적합하도록 설계된 사이클이다.

(2) 타임 트라이얼(Time-Trial)

순위 경쟁이 아닌 시간 단축 경기인 타임 트라이얼 경기를 위해 설계된 사이클이다. 공기저항을 줄이고 주행 효율을 높이는데 중점을 두고 설계된다. 차체는 각이 큰 시트튜브와 길이가 짧은 헤드튜브, 그리고 포크 레이크가 크다는 것이 특징이다. 에어로바, 디스크 바퀴 등을 사용하여 공기저항을 최소화한다.

(3) 트라이애슬론(Triathlon)

타임 트라이얼용 사이클과 유사하며, 공기저항을 최대한 줄이기 위해 일반적으로 650cc 휠을 사용한다. 그러나 요즘은 더 이상 650cc가 트라이애슬론이라고 단정하기는 어렵다.

(4) 트랙(Track)

벨로드롬에서 사용하기 위해 설계된 사이클이다. 가장 큰 특징은 고정기어의 사용으로 브레이크와 변속기가 없다는 것이다. 디자인에 있어서는 힐 베이스가 짧다는 특징이 있다.

(5) 탬덤(Tandem)

탬덤 즉 2인용 바이크라 하며 레저, 여행, 경기용 등 다양한 종류가 있다. 장애인들의 관심이 높아지면서 시작 장애인 경기가 있는데 트랙에서 하는 경기와 도로에서 하는 경기가 있고 대회는 생활체육대회, 전국장애인 체육대회 페럴림픽(장애인올림픽)등의 경기가 있다.

2) 사이클과 MTB의 비교

　트라이애슬론을 하려면 최소한 사이클과 MTB가 한대씩 있어야 한다. 사이클은 도로에서 탈 수가 있고 MTB는 도로와 산악지형에서 연습용으로 탈 수 있다. 특히 겨울철에는 회전력과 지구력을 기르기 위해서 필요하다.

사이클	MTB

- 핸들바가 드롭바이다. - 바퀴가 얇다. - 쇼바가 없어서 충격에 약하다. - 체인링이 2개 또는 3개이다. - 도로에서만 탈 수 있다.	- 핸들바가 일자형과 갈매기형이다. - 바퀴가 두껍다. - 쇼바가 있어서 충격에 강하다. - 체인링이 3개이다. - 도로 이외에서도 탈 수 있다.

3) 바퀴의 종류

　자전거의 바퀴도 기능과 형태에 따라서 2가지 종류로 나누어지게 된다. 일반적인 자전거는 클린처 타이어로 오픈 타이어라 부르는데 타이어 안에 고무 튜브가 있는 형식이고 튜블러 타이어는 "통" 타이어라고 부르는데 도로 사이클 경기에 경기용으로 많이 사용되고 있다.

클린처형(오픈식)	튜블러형(통타이어)

- 경제적이다(재활용 가능). - 펑크가 나면 빠르게 교환할 수 없다. - 펑크시 공구가 필요하다. - 펑크시 휴대용 펌프로 바람을 넣기가 쉽지 않다. - 튜블러형에 비해 승차감이 떨어진다. - 상대적으로 무겁다.	- 경제적이지 못하다. - 타이어를 빠르게 교환할 수 있다. - 펑크시 공구가 필요 없다. - 펑크시 휴대용 펌프로 바람을 넣기 쉽다. - 승차감이 부드럽다. - 제대로 본드 칠을 하지 않으면 급커브시 타이어가 벗겨질 수 있다.

4) 벨브의 종류(공기 주입 방식)

바람을 넣을 수 있는 형태에 따라서 종류가 다르게 형성된다. 일반적인 자전거에는 던롭용이 주로 사용되고 있고 고가형 사이클에는 프레스타나 MTB용에 슈레더 형이 사용되고 있다.

5) 타이어의 종류

타이어의 종류도 도로의 조건, 경기력에 따라서 다르게 구성되어 자신의 용도에 맞게 구입되도록 한다.

6) 펑크의 원인

펑크의 원인은 공기압이 적어 돌출부에 충돌 시 튜뷰가 림에 찍히기 때문이다. 따라서 자전거를 타기 전에 미리 타이어의 공기압과 손상된 부분이 없는가를 체크해야 한다. 바퀴에 충격이 가기에 항상 신경 써야 할 부분이다. 타이어의 공기압은 엄지손가락으로 눌러 손가락이 들어가지 않게 하거나 정확하게 하게 위해서는 펌프에 압력 케이지(보통 120psi 내외가 적정 공기압)를 이용하는 것이 좋다.

4장
Chapter.4 Bike Safety

사이클 주행 자세 및 기술

01 사이클 주행 자세

🔵 1) 핸들바 잡는법

일반적으로 도로에서의 주행 사이클 자세는 다양하다. 핸들바를 잡는 위치는 속도에 따라서 주행 조건이나 환경에 따라 다르게 사용된다. 한가지 포지션으로 계속해서 사이클을 타게 되면 근육의 피로도를 빨리 느끼게 되기 때문에 변경을 해주어야 한다. 철인3종경기에서는 장거리를 수행하기 때문에 에어로바(일명 U바)를 사용하게 된다.

브레이크 레버 위에	드롭바 밑부분	에어로바	드롭바 위에
		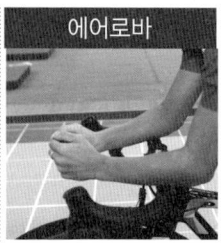	
가장 많이 사용되는 일반적인 자세이다.	속도를 내기 위해서 사용되는 자세이다.	공기의 저항을 줄이기 위해서 사용되는 자세이고 장거리 훈련을 할 때 사용된다.	언덕을 올라갈 때나 휴식의 개념으로 사용된다.

🔵 2) 사이클 자세

모든 스포츠가 그러하듯이 사이클 자세 또한 중요하다. 숙달된 엘리트 선수를 보게 되면 오랜 연습으로 자세와 페달링이 힘이 들어가지 않는 상태에서 자연스럽게 진행이 된다. 그러나 일반 선수들을 보게 되면 자세가 엉성하면서 힘이 많이 들어가는 것을 볼 수가 있다. 무작정 도로에 나가서 사이클을 타는 것보다는 실내에서 거울을 보면서 롤러를 통해서 자세를 교정하도록 한다. 처음에는 힘들겠지만 훈련을 통해서 보완이 될 것이다.

상체를 편상태

사이클에서 가장 많이 볼 수 있는 자세이다. 초보자부터 상급자까지 가능하다. 너무 앞으로 숙이는 자세는 공기의 저항을 줄일 수 있는 장점이 있지만 상체를 숙이기 때문에 허리에 통증이 올 수 있다. 이 자세는 체력 소모가 덜하고 가장 안정된 자세이다.

에어로바를 잡은 상태

에어로바를 잡는 자세이다. 상체를 앞으로 숙여주기 때문에 공기의 저항을 덜 받을 수 있고 팔꿈치 또한 양 폭이 좁을수록 공기 저항을 덜 받는다. 특히 아이언맨 장거리 코스에서 많이 사용되고 있는 자세이다. 사이클 포지션을 자주 바꾸어 주어야 몸의 근육도 경직이 되지 않고 피로도 덜하다.

무릎의 위치

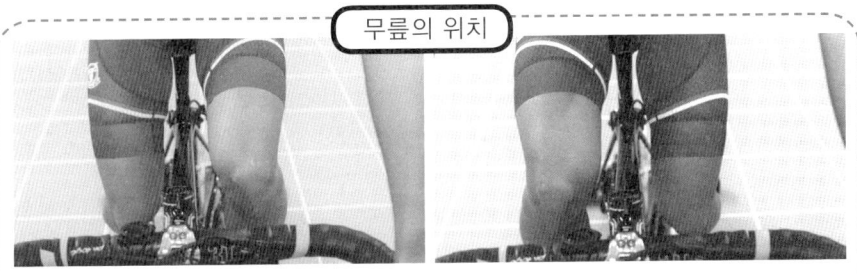

페달링하는 무릎의 위치를 보면서 그 선수의 사이클 실력을 가늠할 수가 있다. 차체의 탑 튜브에 무릎이 대각선으로 스치듯이 올려준다. 실내에서는 저항이 없기 때문에 자세가 잘 나올 수 있지만 야외에서는 바람과 언덕 등 저항을 받을 수 있는 조건이 많다. 항상 무릎을 모아주는 자세를 취하도록 노력해야 한다.

머리의 위치

에어로바를 잡는 자세이다. 상체를 앞으로 숙여주기 때문에 공기의 저항을 덜 받을 수 있고 팔꿈치 또한 양 폭이 좁을수록 공기 저항을 덜 받는다. 특히 아이언맨 장거리 코스에서 많이 사용되고 있는 자세이다. 사이클 포지션을 자주 바꾸어 주어야 몸의 근육도 경직이 되지 않고 피로도 덜하다.

02 사이클 주행 기술

1) 브레이크

자동차를 타고 가다가 갑자기 급브레이크를 잡게 되면 사고의 위험이 크다. 사이클에서도 언덕에서 갑자기 급브레이크를 잡게 되면 위험해진다. 사이클을 타게 되면 항상 브레이크에 손이 가 있어야 하고 미리 사고에 대해서 준비를 해야 한다. 일반적으로 뒷바퀴에만 브레이크를 잡게 되면 제동 거리가 길어지고, 제동이 강할 때는 미끄러지기 쉽다. 앞바퀴에만 제동이 걸리면 사람의 무게 중심이 앞으로 쏠리게 되어 넘어지기 쉽다. 그래서 앞, 뒤 바퀴 동시에 같은 힘으로 나누어서 제동하는 것이 기본이다.

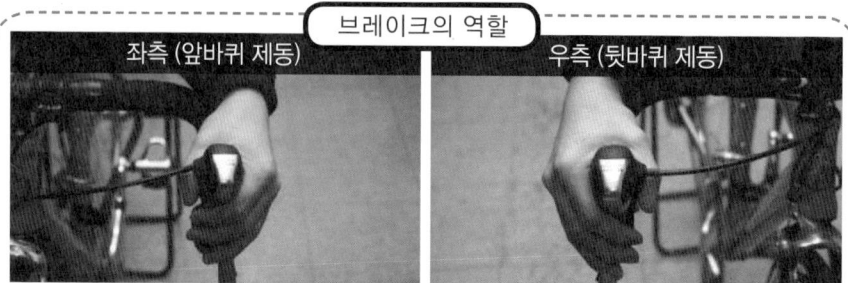

브레이크의 역할
좌측 (앞바퀴 제동)   우측 (뒷바퀴 제동)

브레이크의 역할은 속도를 줄이고 멈추는 기능으로 왼쪽은 앞 브레이크로 정지할 때, 오른쪽 뒤 브레이크는 속도를 줄일 때 사용한다.

* 평상시
앞(3) : 뒤(7)의 브레이크 비율

* 돌발사항시
앞(5) : 뒤(5)의 브레이크 비율

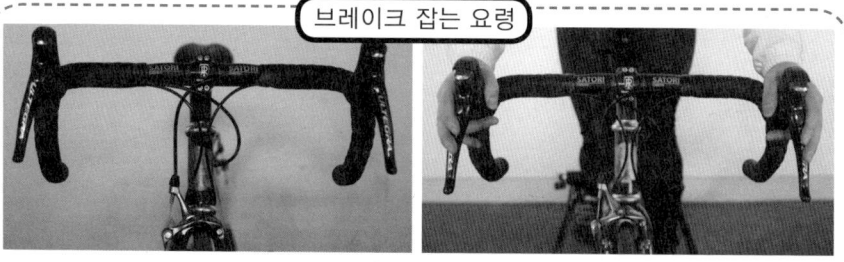

브레이크 잡는 요령

엉덩이를 안장 뒤쪽으로 이동시켜서 몸의 중심을 뒤쪽에 두고 팔에 힘을 주어야 한다. 그래야 앞으로 쏠리는 것을 방지할 수가 있다. 비가 오게 되면 수막현상에 의해서 더욱더 위험하게 되기 때문에 코너링을 할 때나 내리막에서 속도를 줄이면서 불필요한 동작은 삼가야 한다.

● 2) 기어 변속

트랙용 사이클은 기어가 없지만 도로 사이클은 기어가 있기 때문에 효율적으로 기어 조절을 해야 힘을 들이지 않고 쉽게 사이클을 잘 탈 수가 있다. 자동차도 처음에 1단에서 출발하여 바로 3단을 놓고 변속해 버리면 불안정하듯이 사이클도 적절하고 효율적인 기어 변속이 되어야 한다. 크랭크는 각각 2개 세트의 체인링으로 되어 있고, 스프라켓은 8~11개의 세트로 이루어져 있다.

톱니 수는 "T"라는 단위를 사용하는데 이는 Teeth의 줄임말로 톱니바퀴의 수를 말한다. 보통 체인링은 큰 것 53T, 작은 것 39T를 사용하고 스프라켓은 11, 12, 13, 14, 15, 16, 17, 19, 21, 23, 25T를 사용한다.

기어비는 체인링의 톱니/스프라켓의 톱니로 나누어 정의된다. 만약 체인이 체인링에 39T에 걸려 있다면 체인링이 1회전 하는 동안 스프라켓이 39/13= 3 즉, 3회전을 하게 되어 있다. 스프라켓은 뒷바퀴에 붙어 있기 때문에 결국 크랭크 1회전에 바퀴가 3번 회전하는 것을 의미한다.

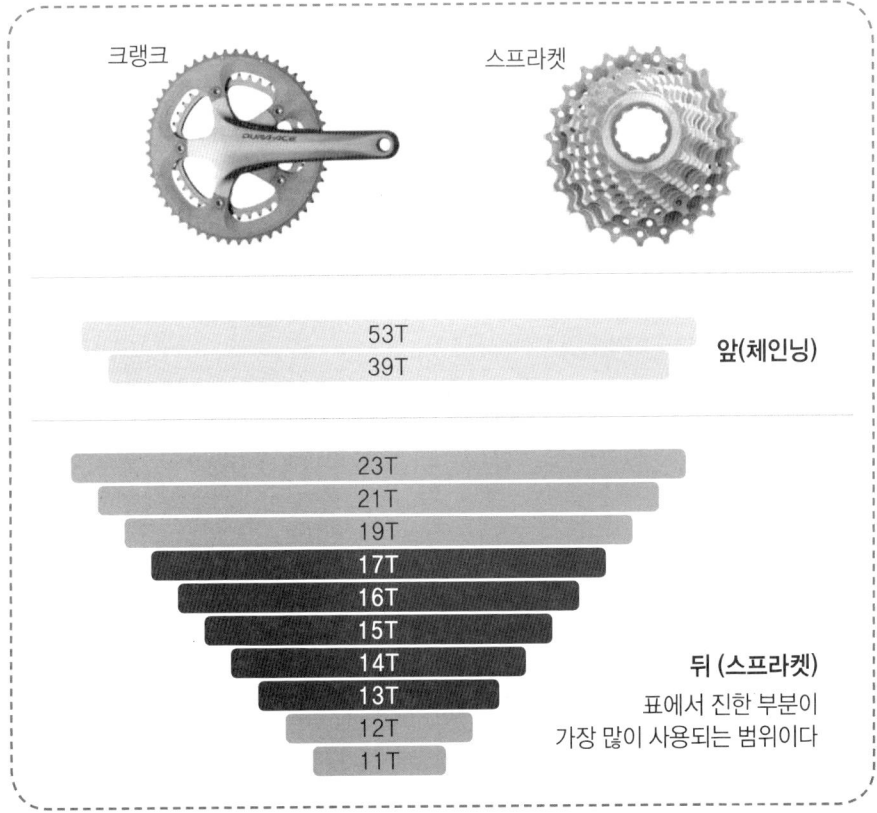

앞쪽 기어변속(큰 체인링)요령

좌측의 컨트롤 레버를 손가락으로 안쪽으로 비틀게 되면

앞부분의 작은 톱니바퀴(체인링)에서 큰 톱니바퀴로 변속된다.

뒤쪽 기어변속(큰 스프라켓)요령

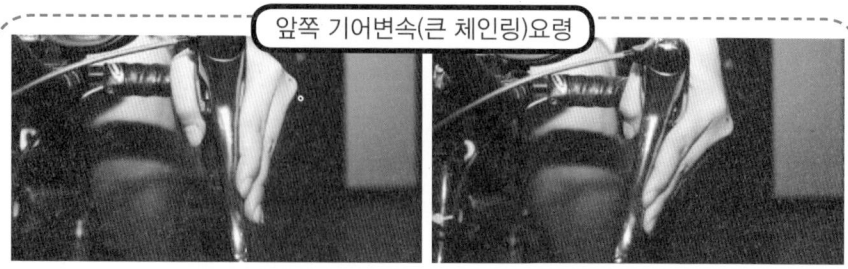

우측의 컨트롤 레버를 손가락으로 안쪽으로 비틀게 되면

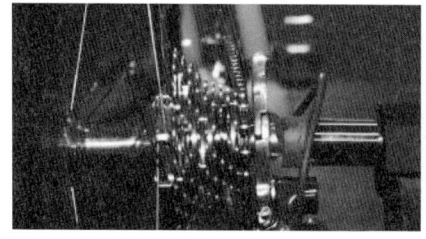 

작은 톱니바퀴(스프라켓)에서 큰 톱니바퀴로 변속이 된다.

> 앞쪽 기어변속(작은 체인링)요령

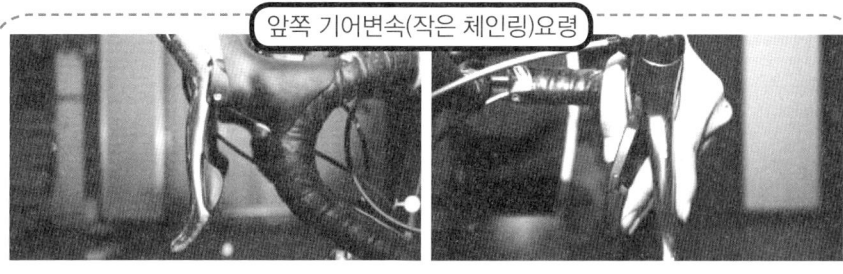

작은 시프트 레버를 손가락으로 안쪽으로 밀어주면

딱 소리와 함께 큰 톱니바퀴(체인링)에서 작은 톱니바퀴로 변속이 된다.

> 뒤쪽 기어변속(작은 스프라켓)요령

우측 작은 시프트 레버를 안쪽으로 밀어주면

 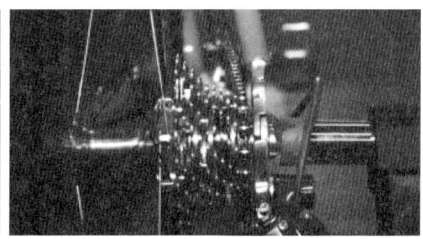

딱 소리와 함께 큰 톱니바퀴(스프라켓)에서 작은 톱니바퀴로 변속이 된다.

기어변속 요령

- 페달이 돌아가는 상태에서 기어를 변속해야 한다. 정지된 상태에서 기어를 조절하게 되면 기어 케이블 등을 강제로 잡아당기는 결과가 되기 때문에 기어와 케이블 등에 무리를 주게 된다.
- 앞, 뒤 기어에서 높은 기어는 높은 기어, 낮은 기어는 낮은 기어끼리 어울리게 조절한다. 체인의 위치는 항상 직선에 가깝도록 유지를 시켜야 한다.
- 기어는 속도에 맞게 바꾸어 주는 것이 좋다. 자신의 힘과 페달링의 속도를 최적의 상태로 유지시킨다.
- 변속과 동시에 무리한 힘을 주어서는 안된다. 변속을 할 때 순간적으로 페달링의 힘을 약화시키게 된다.
- 변속 사항이 되기 전에 변속한다. 한 단계 빠른 변속은 부드러운 페달링과 기계의 변속을 가능하게 한다.
- 몇 단계의 변속을 한 번에 뛰어넘지 않는다. 항상 일정한 페달링 속도에 맞추어서 한 단계 씩 변속하는 것이 좋다.

사진과 같이 극단적인 (대각선)기어비는 피하도록 한다. 크랭크, 스프라켓과 체인의 마찰이 심해져서 제품을 수명을 줄이게 되는 원인이 된다.

〈기어변속이 되지 않을 경우〉

* 기어변속이 되지 않을때: 기어케이블이 늘어났을 때는 배럴 조절나사를 시계 반대 방향으로 두바퀴 정도 돌려준다.
* 뒷 드레일로 행어가 휘어졌을 때: 전문 미케닉에게 행어정렬을 받아야 한다.
* 기어케이블이 녹이 슬었을 때: 응급처치로 구리스나 윤활유를 발라주고 그래도 변속이 안되면 케이블을 교체한다.
* 자전거를 경비하지 않아 이물질이 많이 끼었을 때: 자전거 이물질을 제거하고 청소를 해준다.
* 드레일러와 스프라켓이 일직선상에 놓이지 않을 때: 드레일러에 있는 H, L 나사를 이용하여 정렬을 해준다.

03 사이클 페달링 훈련

페달링은 페달을 돌리는 자세를 말한다. 사이클 자세 다음으로 중요한 것이 페달링이다. 그냥 페달을 돌리듯이 밟는 것이 아니라 이것도 분명히 기술이 있다.

1) 페달링 자세

무릎의 자세는 페달과 수직이 되어야 한다. 다리의 무게는 페달링을 원활히 하는데 도움을 준다. 다리가 지면과 수직으로 가슴이 닿을 정도가 되어야 한다. 페달링은 발목으로 하는 것이 아니라 다리 전체를 활용하는 페달링을 해야 한다. 발목을 과도하게 사용한다면 발목에 무리가 가고 페달링을 빨리할 수 없다. 발목과 종아리의 힘으로 하는 페달링보다는 골반과 대퇴, 무릎, 하퇴 그리고 발목의 힘이 자연스럽게 이어져야 부드러운 페달링이 된다. 그러나 일반 페달로는 어렵기 때문에 클립리스 페달을 사용해야 한다.

페달링도 단계에 따라서 다운 스트로크, 백 스트로크, 업 스트로크, 오버 스트로크의 4단계(섹터)로 나누어지게 되는 회전운동이다.

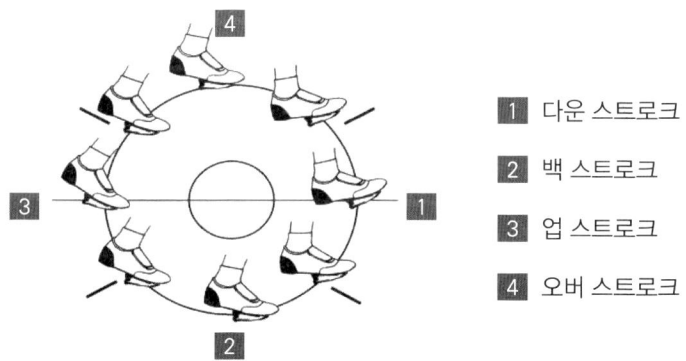

1. 다운 스트로크
2. 백 스트로크
3. 업 스트로크
4. 오버 스트로크

(1) 다운 스트로크

다운 스트로크는 발과 페달이 0 ~ 180° 까지의 움직이는 범위이며, 45° 와 135° 사이에 더 많은 추진력이 있는 부분이다. 다운 스트로크시는 발의 움직임은 앞쪽과 아래쪽으로 향하게 한다. 경기 상태에서 다운 스트로크에 의하여 발생되는 힘의 양은 총 힘의 96% 이상이다. 이것은 나머지 페달 스트로크를 위해 약 4%만은 남긴다. 그러나 많은 운동선수들은 의식적으로 페달 위에서 끌어올리기를 시도하려고 하지만, 그것은 총 힘의 출력에서는 아주 작은 부분이다.

(2) 백 스트로크

백 스트로크는 한쪽의 다운 스트로크가 끝나고 다른 쪽을 시도하려고 할 때, 다운 스트로크 다음에 즉시 따라오는 단계이다. 백 스트로크는 다운 스트로크와 업 스트로크로 겹쳐지며 약 120 ~ 220°(4시에서 8시 방향)로부터 뒤쪽과 위쪽으로 당김으로써 완성된다. 이 단계에서 반대편 발과 페달은 다운 스트로크에 들어간다.

(3) 업 스트로크

업 스트로크 연습은 페달을 270 ~ 360°까지 위로 당기는 것이다. 정상적으로 탈 때는 힘의 거의 없는 것처럼(5% 이하) 당기지 않는다.

(4) 오버 스트로크

오버 스트로크는 마지막 전환 동작이며 윗부분이 약 320° ~ 20°까지 앞쪽으로 누르는 다운 스트로크 바로 앞에 온다.

● 회전력 훈련(카덴스)

초보자들은 페달링을 가볍고 빠르게 하여 회전력을 기르는데 중점을 두어야 하고 가장 일반적인 회전력은 페달이 1분에 90 ~ 100 rpm(Revolution Rotation Per Minute)이 이상적인 회전력이라고 한다. 페달링은 부드러운 회전수를 유지하기 위해서 기어를 사용하는데 부드러운 회전수는 고정된 기어를 사용하여 롤러훈련에서 만들어진다. 수영에서 스트로크의 수를 알듯이 평상시 훈련에서 사이클의 훈련에서도 카덴스를 알아야 한다. 카덴스의 회전은 개인의 신체조건에 따라서 체력, 기어의 사용비, 지형 그리고 환경요인에 따라서 범위가 달라진다.

〈운동능력에 따른 적정 카덴스〉

도로 사이클 목표 카덴스(회/분)		
수 준	평 지	업 힐
초보자	60 ~ 80	55 ~ 70
중급자	80 ~ 95	65 ~ 80
상급자	85 ~ 00	70 ~ 85
엘리트(프로)	90 ~ 110	75 ~ 90

5장 Chapter.5
사이클 기본 기술

01 사이클 기초 적응 단계

일반적인 사람들은 페달만 밟으면 되지, 사이클에 기본 기술과 교육을 굳이 받을 필요가 있냐고 생각을 하게 되지만 사이클도 안전하게 타려면 기본적인 기술을 습득하는 것이 현명하다. 실제로 경기를 얼마 남겨 두고 연습 도중 부상을 당하는 경우를 종종 볼 수가 있다. 한번 부상을 당하면 겁을 먹고 사이클에 대해 두려움을 가질 수가 있다. 이런 두려움을 해결하기 위해서는 사이클에 대한 전반적인 안전교육이 필요하고, 숙달된 동료와 같이 연습하거나 도로의 사정을 미리 파악을 한 후, 안전한 도로에서 충분한 연습을 한 뒤에 상황에 맞는 언덕이나 급커브 등 난이도를 설정하여 점차적으로 연습하는 것이 필요하다.

1) 사이클 끄는 방법

핸들바를 잡는 방법 ①

핸들바와 안장을 잡는 방법 ②

안장을 잡는 방법 ③

사이클을 자연스럽게 끄는 방법도 사이클과 친숙해지는 과정으로 숙달되어야 한다. 사이클을 끄는 방법에도 다양한 방법이 있다. 초보자들은 ①, ② 방법을 선택하지만 점차적으로 ③의 방법을 선택하면 편해진다.

2) 사이클 눕히기

고가용 사이클은 일반적으로 스탠스가 없기 때문에 대부분 벽이나 장애물에 기대는 경우가 많다. 옆으로 눕혀놓을 때는 우선 왼쪽 페달이 위로 올라가 수직이 된 상태에서 왼쪽으로 눕혀야 한다. 오른쪽으로 눕히게 되면 뒷부분의 기어 부분이 손상이 갈 수 있다.

3) 사이클 끌기

대부분 선수들과 동호인들은 사이클을 끌게 되면 차와 진행 방향이 같은 왼쪽으로 많이 끌게 된다. 물론 편한 장점도 있겠지만 안전을 위해서는 오른쪽으로 끄는 방법도 함께 연습되어야 한다.

4) 사이클에서 내리기

사이클 끌기와 마찬가지로 내릴 때에도 대부분 차와 진행 방향이 같은 왼쪽으로 내리는 경우가 대부분이다. 물론 시합 때는 어쩔 수 없지만 차가 다니는 도로에서 연습할 때에는 안전을 위해서 오른쪽으로 내리는 방법도 연습되어야 한다.

5) 사이클에서 내릴 때와 탈 때(뒤돌아보기)

사이클 탈 때와 내릴 때 바로 출발을 하는 것보다는 안전을 위해서 뒤에서 차가 오는지 확인을 한 다음 출발을 하고 내리는 것을 습관화해야 한다.

6) 엉덩이 들고 타기

엉덩이 들고 타는 연습은 턱에서의 자전거와 신체의 충격을 줄이기 위해서 필요하고 차후에는 언덕을 오를 때 댄싱으로 사용을 하게 된다. 양쪽 페달에 힘을 균등하게 주어야 하고 상체가 앞으로 쏠리게 되면 균형을 잡기가 어려워지기 때문에 엉덩이는 약간 뒤로 빼주어야 한다. 평지에서 연습을 한 다음 내리막에서도 연습이 되도록 하자.

7) 한 손 놓고 타기

한 손 놓고 사이클 타기는 양손보다 더 균형 감각을 길러준다. 경기시 음료나 기타 보급품에 대해서 사이클을 내리지 않고 타면서 보급을 취할 수 있기 때문에 필요하고 차후에 도로에서 수신호로도 사용되기 때문에 연습이 되어야 한다. 양쪽 손 모두 연습이 다 되어야 한다.

8) 직선거리로 타기

지그재그로 가는 것은 비효율적으로 타기에 에너지 소모량도 많다. 직선거리로 가는 훈련이 쉬워 보일지 몰라도 평형감각이 없는 사람들에게는 어렵게 느껴진다. 우선 차가 없는 도로에서 선이 있는 곳이나 가상의 선을 그어 연습을 하고 차가 없는 도로에서 선을 따라가는 훈련을 하도록 하자. 평롤러에서 연습이 되면 훨씬 수월하다.

9) S자 방향돌기

내가 원하는 방향으로 원활하게 가기 위해서 핸들의 조종 능력이 필요하다. 주위에 간격이 있는 지형지물을 최대한 이용하여 연습을 한다. 숙달이 되면 간격이 좁은 장소에서도 연습을 해본다.

10) 8자 방향돌기

S자 다음으로 2개의 기둥이 있는 지형지물을 선택하여 8자를 그리면서 핸들의 조종 능력을 극대화한다.

11) 코너링

단거리 사이클 경기는 순환을 많이 하기 때문에 코너링 연습이 되어야 한다. 가장 많이 부상을 당할 수 있기 때문에 연습이 되어야 한다. 처음에는 평지에서 연습을 하다가 숙달이 되면 내리막에서 연습을 한다.

02 사이클 단체 적응 단계

1) 턴 연습

혼자 턴 연습이 숙달되었으면 다음 과제로 단체로 동시에 같이 턴을 할 수 있는 연습이 되어야 한다. 연습 때는 혼자 턴을 할 수도 있지만, 시합 때는 기록 단축을 위해서 경쟁이 되면서 서로 좋은 공간을 확보하려고 여러 명이 같이 턴을 하게 될 경우가 많다. 혼자 하는 것보다 부담이 많이 되기 때문에 연습 시 몇 명의 동료와 같이 간격을 두며 연습을 해야 한다.

2) 댄싱 훈련

댄싱은 엉덩이를 들고 사이클에서 춤을 추듯이 타는 것을 말한다. 사이클과 몸의 방향이 반대로 되면서 그 힘을 이용하면서 탄다. 언덕에서 언덕을 치고 올라갈 때와 턴 동작시 속도를 끌어올리기 위해서 댄싱을 해준다. 초보자들은 우선 평지에서 연습을 한 다음 언덕과 턴 동작에서 실시해준다.

3) 드래프팅(Drafting)

드래프팅은 사이클에서 뒤따르기라고 한다. 공기저항을 최대한 줄이고 체력 소모를 줄이기 위해서 실시한다. 엘리트 선수들은 드래프팅이 적용된다. 그러나 초보자가 하기에는 아직 무리가 따른다. 초보자들 연습은 최소한 3명이 1개조가 되어야 한다. 가급적이면 실력이 같은 조건의 선수들과 함께 하면 좋고, 팀 동료들과 팀워크가 맞아야 하기에 어느 정도 기본기가 연습이 된 상태에서 준비를 해야 한다.

처음부터 간격을 좁히지 말고 어느 정도의 공간이 확보되어야 한다. 뒤에 따르는 선수는 항상 전방을 주시해야 하고 만약을 위해서 브레이크에 손이 가 있어야 한다.

03 장애물 주행 기술

사이클을 타다 보면 도로에 장애물이 있을 경우가 있다. 철도 건널목 길이나 돌부리 그리고 웅덩이 같은 장애물이 갑자기 나타날 경우 사이클 선수로서 이를 피하는 것이 매우 중요하다. 장애물이 나타났을 때 적당한 순간에 사용할 수 있는 기술적 요소를 습득해야 한다. 도로가 넓으면 옆으로 피해 갈 수도 있지만 공간이 좁거나 그렇지 않을 경우에는 그대로 진입을 해야 한다. 그러면 사이클 바퀴에 충격이 가기 때문에 바퀴의 림에 손상이 갈 수도 있다. 특히 도로변 옆에 위치한 턱을 지나칠 경우 그대로 같은 방향으로 진입을 하게 되면 미끄러 넘어질 수도 있다.

1) 턱 훈련

턱을 지나칠 경우는 약간 완만하게 타원을 그리면서 진입을 해주거나 앞바퀴를 들고 가면 안전하게 지나칠 수 있다. 가끔 이곳에서 넘어지는 경우가 있다. 페달의 크랭크를 지면과 수평으로 하고 안장에서 엉덩이를 들은 채, 점프를 함과 동시에 두발로 페달을 밀쳐 올린다. 장애물을 완전히 통과한 뒤 페달을 다시 밟아주고 앞으로 나간다.

2) 호핑(Hopping)/점프

보통 사이클에서 점프라고 하는데 쉽게 앞,뒤 바퀴를 드는 훈련을 말한다. 일반적으로 앞바퀴를 드는 것은 할 수 있지만, 앞,뒤 바퀴를 들려면 우선 페달이 일반 페달이 아닌 클립리스 페달과 신발이 일치되어 있어야 한다. 턱 훈련과 마찬가지로 점프를 할 때는 페달이 수평이 되어야 하고 몸을 아래로 숙이면서 핸들바를 끌어당겨서 같이 동시에 점프를 해주어야 한다. 이 연습은 쉽게 되지가 않기 때문에 차량이 다니지 않는 공터나 주차장에서 해야 한다. 처음은 앞바퀴부터 실시하고 숙달이 되면 뒷바퀴를 들어 올린다.

6장 Chapter.6 Bike Safety
사이클 트레이닝 방법

01 사이클 트레이닝 방법

사이클은 무작정 페달을 돌리면서 빨리 가는 것이 아니라 거리에 따라서 훈련하는 방법이 달라진다. 우선 훈련 계획을 세워서 천천히 운동량을 결정하는 것이 부상을 당하지 않고 즐겁고 오래 사이클을 타는 것을 목표로 해야 한다. 아직까지도 훈련의 형태를 보면 거리 위주의 훈련에 많은 시간을 투자하고 있지만 여러 가지 트레이닝에 대해서 중점적으로 훈련을 해야 기록도 향상되게 된다.

1) 지구력 트레이닝

지구력이란 오랫동안 쉬지 않고 지속적으로 달리는 것을 말한다. 지구력의 종류에 따라서 유산소성, 무산소성, 유-무산소성 지구력 트레이닝으로 나누어진다.

(1) 유산소성 지구력

산소를 이용하여 오랫동안 지치지 않고 페달을 돌리는 능력을 말한다. 유산소 지구력이 발달되면 빠른 회복 능력을 갖게 되어 강도 높은 사이클 훈련을 견뎌낼 수가 있다. 또 유산소성 지구력이 발달되면 무산소성 지구력까지도 영향을 미치게 된다.

(2) 무산소성 지구력

200m ~ 400m의 거리를 빠른 속도로 달릴 수 있는 능력을 말한다. 무산소성 지구력은 빠른 사이클을 반복함으로써 발달될 수 있으며 근력과 밀접한 관계를 가지고 있다.

(3) 유-무산소성 지구력

오래 달릴 수 있는 능력과 빨리 달릴 수 있는 능력을 동시에 갖춘 것을 말한다. 레이스 페이스 능력은 유산소성 지구력과 무산소성 지구력의 조화로운 향상을 통해서 얻어진다.

2) 단계별 지구력 트레이닝

지구력 트레이닝 향상을 위해서는 먼저 LSD ⇨ 시간주 ⇨ 거리주 트레이닝 순으로 병행되어야 사이클의 효율성을 증가시킬 수 있다.

(1) LSD(Long Slow Distance)

유산소성 지구력을 향상시키는 훈련으로 긴 거리를 천천히 달린다는 뜻으로 저강도 훈련 방법의 하나이고 모든 장거리 훈련의 기본적인 형태이다. LSD 훈련은 최대 속도의 70%의 수준으로 90분 이상 속도의 변화 없이 꾸준히 유지하는 것을 말한다. 유산소성 지구력은 달리는 거리에 비례하여 운동 능력이 향상된다. 지구력이 향상되어야 기록도 좋아진다. 충분한 수준까지 도달하기 전에는 성급하게 사이클 속도를 증가시키는 훈련은 할 필요가 없다.

(2) 시간주

시간주 트레이닝은 거리를 정하지 않고 사이클 타는 시간만 정해 놓고 하는 것을 말한다. 거리가 늘어나게 되면 자연스럽게 운동 시간도 늘어나게 된다. 컨디션이나 운동능력에 따라 속도를 조절하여 편안하게 사이클을 타기 때문에 초보자들에게 부담이 적은 형태이고 시간에 대한 적응력을 길러준다. 시간주 훈련은 2시간 이상의 사이클 타기를 의미하는데 운동량에 따라서 점차적으로 증가를 시킨다. 트레이닝의 최대 효과는 개인의 운동 능력에 70~80%의 수준으로 달리는 것이 효과적이다.

(3) 거리주

거리주 트레이닝은 정해진 거리를 일정한 시간에 달리는 트레이닝 방법이다. 시간보다는 거리를 위한 트레이닝으로 정해진 거리를 완주하는데 중점을 두어야 한다. 거리주는 거리에 대한 적응력을 향상시키는 트레이닝으로 실제 목표 시간에 가까운 속도로 타는 것이 중요하다.

3) 스피드 트레이닝

스피드 트레이닝은 전력으로 다해서 달릴 수 있는 거리를 말한다. 최소한 개인적으로 트레이닝이 완성되려면 6개월 ~ 1년 정도는 기본적으로 트레이닝이 되어야 가능하다. 트레이닝을 하기 전에 개인의 운동 목표를 명확히 세워야 하고 가능한 운동량이 낮은 단계에서 점차적으로 운동량을 향상시키는 것이 좋다. 지구력과 스피드가 충족될 때 비로소 기록이 향상된다.

- 인터벌 트레이닝

사이클의 스피드를 향상시키기 위해 가장 적합한 것이 인터벌 트레이닝이다. 인터벌이란 일정한 거리를 일정한 시간 안에 반복해서 달리고, 반복 사이클 타기 사이에 불완전한 휴식을 취하는 형태의 트레이닝이다. 운동 강도는 개인에 능력에 따라 60 ~ 80% 맞게 설정되어야 한다. 목표 시간을 체크하고 약간 거리에 따라서 시간을 5 ~ 15초 정도 더 준다. 긴 거리일수록 페이스를 유지하기에 어려움이 있게 된다. 너무 스피드 위주의 트레이닝을 하게 되면 근육 속에 피로가 느껴져서 트레이닝 시간을 단축시킬 수 있고 회복하기에 어려움이 있다.

4) 장거리 트레이닝

사이클 타는 거리를 증가시키는 훈련으로 장거리를 완주할 수 있는 능력을 말한다. 목표한 거리를 소화하기 위해서는 갑자기 거리를 증가시키는 것이 아니라 단계적으로 증가시켜야 된다.

- 3주에 한번은 장거리 훈련을 하라

사이클 종목마다 다양하게 훈련을 해야 하기에 3주에 한 번씩은 1km씩 증가를 시켜서 거리에 대한 훈련을 해야 한다. 거리를 늘리는 훈련은 사이클 속도는 약간 편한 페이스를 유지해야 한다.

- 다음날은 회복훈련을 한다.

장거리 훈련이 끝난 다음은 보통 휴식을 취하거나 회복 훈련을 해야 한다. 회복 훈련은 수영을 한다거나 사이클을 가볍게 타주는 것을 말한다.

5) 언덕 트레이닝

언덕 트레이닝은 사이클에 필요한 근력과 지구력을 강화시키고 사이클 능력을 향상시키는 일종의 무산소성 지구력 훈련이다. 언덕 훈련을 하게 되면 평지에서 훈련을 하는 것보다 더 많은 힘과 근력훈련을 하게 된다. 시합 시는 언덕에서 경기의 승패가 좌우된다. 연습 전에는 언덕의 코스와 경사도 그리고 언덕의 길이 등을 잘 숙지하여 체력에 맞는 트레이닝을 해야 한다. 인터벌 훈련과 같이 병행을 시켜 근력을 강화시킬 수도 있다.

* 장소 선택 및 주의사항

- 차가 다니지 않고 특히 턱이 없는 곳을 선택해야 한다.
- 너무 긴 언덕이나 무리한 트레이닝은 부상의 원인이 된다.

(1) 오르막 훈련

- 파워 트레이닝
핸들바를 잡고 50 ~ 100m 정도의 높은 언덕을 빠르게 올라가는 방법.

- 지구력 트레이닝
핸들바를 잡고 1 ~ 2km 정도의 완만한 언덕을 지속적으로 올라가는 방법.

- 댄싱(Dancing/엉덩이를 들고 타는 방법)
핸들바를 잡고 올라가다가 힘이 들 때 페달링을 극대화하기 위해서 실시한다. 댄싱은 피로도가 빠르기 때문에 장시간 하기에는 어렵고 안장에 앉아서 타는 것과 병행하도록 하는 것이 효과적이다.

*댄싱은 상체를 좌우로 리드미컬하게 흔들며 하는 기술로 무엇보다도 체중을 적절히 이용해야 한다. 체중은 길게 뻗은 다리 쪽으로 이동하며 동시에 팔과 상체를 이용하여 핸들을 잡아당겨야 한다.

(2) 내리막 훈련

- 내리막에서 가속도가 붙게 되어 속도가 빠르기 때문에 집중해야 한다.
  상체를 앞으로 숙이고 머리는 전방을 주시한다.

- 발과 페달 크랭크는 수평으로 유지하고 무릎은 사이클 차체(탑튜브)에 붙인다.

- 핸들바를 잡고 만약의 사태에 대비하기 위해 브레이크에 손이 가 있어야 한다.

- 간혹 에어로바를 잡고 내려오는 경우도 있는데 이런 방법은 위험하기 때문에 주의해야 한다.

6) 레이스 페이스 트레이닝

레이스 페이스 트레이닝은 실제 대회에서 요구되는 속도를 향상시키기 위한 훈련이다. 즉 무산소 수준에 가까운 빠른 페이스를 통해 유산소 지구력의 한계를 끌어올리는 훈련이라고 할 수 있다. 레이스 페이스는 두 가지의 형태로 진행이 되는데 장거리 인터벌 트레이닝과 휴식 없이 진행되는 지속적 트레이닝이 해당된다. 이러한 트레이닝은 무산소성 지구력 수준의 속도가 유산소성 지구력으로 전환되어 장거리를 더 빠른 속도로 완주할 수 있게 해준다.

02 기술적인 트레이닝

1) 드릴의 종류

(1) 고회전(High Revolutions Per Minus)

고회전 훈련은 매우 좋은 훈련 방법이다. 고회전에서의 스피닝은 신경근육의 조정력(두뇌에서 근육까지의 조절)을 향상시킴으로써 페달 동작을 훈련시킨다. 이 드릴은 올바르게 스핀하는 방법을 익힐 수 있는 가장 좋은 방법 중의 한 가지이다. 운동 속도가 높아지게 되면 심폐에도 도움이 된다. 이 훈련은 웜업, 웜다운, 인터벌 뒤 전환의 부분으로도 사용한다.

(2) 한쪽 다리 스핀(Isolater-Leg Spins)

각 페달 스트로크를 분리하는 것은 신경근육의 조정을 발달시킨다. 특히 다운 스트로크에서 앞쪽과 아래쪽 동작 때 그렇다. 보통 드릴은 낮은 기어(39×21)의 사용으로 완성된다.

(3) 다운 스핀(Down-Spins)

이 훈련은 작은 체인링과 기어 비율을 사용하여 내리막길에서 한다. 목표는 높은 기어 비율로 변속을 하지 않고 엉덩이를 안장에서 떼지 않으면서 가능한 길고 빠르게 스핀 하는 것이다.

(4) 섹터(Sectors)

섹터 훈련은 페달링 스트로크를 4가지 섹터로 나누게 된다. 다운 스트로크, 백 스트로크, 업 스트로크, 오버 스트로크로 나누어서 훈련 기간 동안 개별적으로 훈련을 한다.

(5) 호흡(Breathing)

오른쪽 다리의 다운 스트로크와 호흡 내쉬기를 5분간 같이 한다. 그 후 왼쪽 다리도 이와 같이 반복한다. 각 호흡 사이의 회전한 크랭크 회전수를 세고, 오른쪽과 왼쪽 다리가 같은 수가 되도록 노력한다.

(6) 모터 페이싱(Moter Pacing)

차나 오토바이로 뒤에서 끌어주는 기술이다. 이것은 위험하기 때문에 차가 없는 도로에서 연습을 해야 한다. 모터 페이싱의 효과는 차나 오토바이는 항상 사이클 보다 빠르기 때문에 높은 강도의 인터벌 세션이 보증된다. 그리고 선수는 타임 트라이얼 전술과 바꿀 수 있는 공기 역학적인 것을 배우게 된다.

03 효과적인 주행 기술 습득

1) 손의 위치를 자주 변화시켜라.

오랫동안 핸들을 꽉 잡고 한 가지 자세로 사이클을 타면, 손이 저리게 되고 그로 인해 팔, 어깨, 목까지 경직되어 많은 에너지가 손에서 낭비가 된다. 도로의 상태(직선코스, 언덕, 내리막, 커브길)에 따라서 핸들바의 포지션을 바꾸어 주면서 사이클을 타야 신체에 받는 스트레스를 극복할 수가 있다. 가능한 에어로바를 이용하거나 브레이크 레버 등에 손을 위치하도록 노력한다.

2) 몸을 자주 이완시켜라.

팔굽을 고정시키지 마라. 긴장은 근 피로를 빠르게 유발해 아프게 한다. 처음엔 잘 되지 않겠지만 계속 사이클을 타게 되면 자연스럽게 사이클을 타면서도 가볍게 스트레칭을 할 수가 있다.

3) 시선은 전방을 응시하라.

트랙 선수들은 공기저항을 줄이기 위해 땅을 보면서 주행을 한다. 하지만 도로에서는 다르다. 각종 장애물이 언제 나타날지 모르기 때문에 한눈을 팔면 안 된다. 특히 장거리 사이클을 타면, 지쳐서 자주 땅을 보는데 이때 머리를 숙이게 되면 위험할 수가 있다. 시야는 똑바로 전방을 보아야 한다. 머리를 가볍게 좌, 우쪽으로 숙여 목 근육을 풀어 긴장을 풀어준다.

4) 주기적인 움직임

약 30분 정도마다 언덕이 아니라면 잠깐 동안 몸을 일으켜 세워라. 이것은 각 근력에 도움을 주지만 다른 더욱 중요한 이유가 있다. 그것은 당신의 자세를 스트레스에서 벗어나게 하는 것이며 따라서 불쾌감과 가랑이의 상처 발생을 예방할 수 있다.

5) 안장 위에서 움직임

엉덩이를 안장에서 조금씩 앞뒤로 움직임으로써 근육의 다른 부분을 좀 더 이용할 수 있다. 에어로바를 잡고 빠르게 달릴 때는 엉덩이를 앞쪽으로 하게 되면 빠르게 주행을 할 수가 있다. 지쳤을 때 엉덩이의 위치를 약간씩 앞뒤로 이동시키면 좋다. 가벼운 자세 변화는 스트레스부터 회복을 준다.

6) 페이스 유지

보급에서도 다른 종목과 달리 장거리를 타는 사이클에서는 좋은 페이스를 유지하려면 사이클을 타면서 보급을 자주 해주어야 한다. 그러기 위해서는 적절하게 구간 페이스를 설정하여 처음부터 끝까지 같은 속도로 달릴 수 있는 체력을 길러야 한다. 또 하나의 방법은 심박수 측정 가능한 장비를 이용하여 심박수를 이용한 컨디션을 점검하는 방법도 좋은 방안이다.

04 여름철과 겨울철 사이클 훈련방법

사이클은 야외에서 하는 운동으로 여름철과 겨울철에는 복장이 구분되어야 하기에 미리 준비를 해야 한다.

1) 여름철과 겨울철 복장

2) 여름철 겨울철 훈련법

(1) 여름철 훈련법

여름철은 사이클을 타기에 좋은 계절이지만 너무 더운 날씨는 오히려 역효과가 나게 된다. 원활한 훈련을 위해서 갖추어야 할 것들이 있다.

- 복장을 갖춰라

통풍이 잘되고 땀을 잘 배출할 수 있고 빨리 마르는 형태의 기능성 유니폼을 구입하여 입는다. 요즘에는 사이클 대회에 참가를 하면 기념품으로 한 벌 정도는 가지고 있을 거라고 생각된다.

- 음료수를 자주 섭취해라

날씨가 덥기 때문에 수분 보충이 필요하다. 잘못하다 보면 탈수 현상과 일사병이 날 수가 있다. 운동하는 동안 목이 마르기 전에 미리 보충을 해주어야 한다. 물을 마시는 것도 연습에 포함시켜야 한다. 허리에 차는 물통을 구입해서 목이 마를 때 계속적으로 보충을 해준다.

- 선크림을 발라준다

자외선은 피부암을 일으킬 수 있고 피부 손상과 피부 노화의 원인이 된다. 장시간 사이클을 탈 때 얼굴이나 어깨, 다리에 선크림을 발라준다. 특히 얼굴에 자주 발라준다.

(2) 겨울철 훈련법

겨울철은 날씨가 춥기 때문에 움츠러들기 쉽다. 그렇다고 운동을 하지 않으면 정말 낭패를 보게된다. 겨울에 체력단련을 많이 해야 시즌기에 들어와서 효과를 기대할 수 있다.

- 보온에 신경 써라

날씨가 춥기 때문에 제일 신경 써야 하는 것이 보온이다. 그렇다고 너무 두껍게 입고 운동을 하게 되면 얼마 운동을 하지 않아서 불편하게 된다. 얇은 기능성 의류를 3겹 정도 껴입는다.

- 복장을 갖춰라

가능한 한 장갑과 방한모자는 필수로 갖춰야 한다. 추위에 노출이 가장 잘 되는 곳이기 때문에 신경을 써준다.

- 음료수를 자주 섭취해라

날씨가 춥지만 운동 전, 중, 후에도 음료수를 섭취해야 한다. 땀이 나지 않지만 수분이 빠져 나가기 때문이다.

- 새 옷으로 갈아입어야 한다.

운동이 끝나고 오래 있게 되면 땀이 식기 때문에 빨리 새 옷으로 갈아입어야 한다. 안 그러면 감기에 걸린다.

- 기초체력 훈련을 하라.

날씨가 너무 춥게 되면 사이클을 타기에 무리가 되기 때문에 그럴 때 실내에서 할 수 있는 롤러나 웨이트 트레이닝으로 보충을 해야 한다.

- 바람을 등지고 뛰지 마라

처음에 바람을 등지고 뛰는 것보다는 바람을 안고 뛰는 것이 도움이 된다. 운동으로 인한 땀이 식어서 얼음이 될 수 있기 때문이다.

7장
Chapter.7　**Bike Safety**

사이클 롤러 트레이닝

01 사이클 롤러 트레이닝

사이클 롤러 훈련은 겨울철에도 하지만 날씨가 좋지 않거나 비가 올 때 대처하는 방법으로 회전력을 기르기 위해서 훈련을 해준다. 특히 겨울철에 자세와 회전력에 역점을 두면서 훈련을 해준다. 날씨가 따뜻해지는 3월에 연습도 없이 바로 야외에 나가서 무작정 사이클을 타는 것보다는 미리 실내에서 자세와 기본적인 훈련이 되어야 야외에 적응이 빠르게 된다. 특히 무릎이나 발목이 좋지 않은 러너들은 롤러 훈련이 재활훈련이나 크로스 트레이닝으로 대처할 수도 있다.

1) 사이클 롤러의 종류

사이클 롤러의 종류는 보통 2가지의 종류로 나뉜다. 평롤러와 고정식 롤러로 나뉘게 되는데 고정식 롤러는 뒷바퀴를 고정시켜서 사용을 하기 때문에 흔들림 없이 훈련을 할 수가 있고, 평롤러는 처음 타기에 어려우나 계속적으로 적응 훈련을 해주면 균형 감각을 익힐 수 있다. 또 평롤러에 고정식 롤러처럼 앞부분에 롤러 지지대를 설치하여 앞바퀴를 분해해서 설치를 하는 경우도 있다. 최근에는 스크린을 보면서 하는 시뮬레이션 롤러도 소개되고 있다. 외국에서는 트레이너로 부르기도 한다.

*고정식 롤러: 초보자들이나 그룹으로 사이클 롤러 훈련을 하는데 좋다. 사이클 뒷바퀴 부분에 거치를 하기에 사용하기가 쉽다.

*평롤러: 초보자에게는 다소 무리가 따르지만 꾸준히 연습하게 되면 좋은 훈련 파트너가 될 수가 있다. 처음에는 균형잡기가 어렵게 때문에 안전하게 사이클을 타야 한다.

*지지대 롤러: 평롤러의 단점을 보완하기 위해서 앞바퀴 부분을 분해하고 지지대 위에 사이클을 설치해준다.

*시뮬레이션 롤러: 고정식 롤러에 실제로 비디오 게임과 같이 경기하는 것처럼 프로그램 되어 지루함을 덜어준다.

2) 고정식과 평롤러의 비교

고정식 롤러	평롤러

- 초보자에게 적합하다.
- 쉽게 탈 수 있다.
- 자연스럽게 균형을 잡을 수 있다.
- 운동시 TV를 보면서 탈 수 있다.
- 안정되게 훈련을 할 수 있다.
- 회전력에 집중을 하면 된다.

- 중, 상급자에게 적합하다.
- 어느 정도 적응 기간이 필요하다.
- 손목, 어깨에 힘이 들어간다.
- 집중력이 필요하다.
- 운동시 넘어질 수 있다.
- 균형을 잡아야 하기에 운동량이 많다.

3) 고정식 롤러 타기

사이클을 안정되게 타기 위해서는 실내에서 할 수 있는 롤러 훈련이 필요하다. 특히 초보자에게는 중요하다. 처음에 사이클을 타게 되면 회전력 훈련이 아니라 딱딱한 안장에서 엉덩이가 미리 적응이 되어야 한다.

처음부터 기어비를 무겁게 놓고 타지 말고 가볍게 해서 회전력 연습을 한다. 시간은 30분 정도 되어야 한다. 가벼운 회전력으로 사이클 타게 되면 처음에는 말 타듯이 흔들리게 되는데 나중에는 회전력이 좋아진다.

● 4) 외발 훈련

　사이클 회전력 훈련을 할 때 양쪽 다리로 회전을 하면 페달의 밟는 힘의 강도를 알지 못한다. 그러나 한쪽씩 페달을 밟게 되면 좌, 우측의 다리의 근력의 강도를 알 수가 있고 근력의 밸런스를 맞출 수 있다. 한쪽으로 페달을 돌릴 때는 마찬가지로 기어비를 가볍게 한 상태에서 외발 훈련이 되어야 한다. 너무 오랜 시간 동안 하지 말고 1분마다 페달을 바꾸어서 교대를 해준다. 마찬가지로 무릎은 한쪽 페달을 돌릴 때도 계속 붙여야 한다.

● 5) 섹터 훈련

　사이클에서 페달을 돌리는 것도 단계에 따라서 나누어진다. 보통 다운 스트로크, 백 스트로크, 업 스트로크, 오버 스트로크로 나누고 있다. 초보자들은 처음에는 페달을 자연스럽게 돌리면서 회전력 훈련이 되어야 한다. 회전력 훈련이 된 다음 4가지의 섹터 훈련이 있지만 처음에는 위에서 아래로 페달을 밟는 연습, 아래에서 위로 페달을 당기는 연습을 구분해서 해주게 되면 효율적으로 연습을 할 수 있다.

6) 댄싱 훈련

엉덩이를 들고 춤을 추듯이 하는 훈련으로 기어비를 무겁게 한 상태에서 리듬을 타면서 실시를 한다. 처음에는 천천히 하다가 빨리 페달을 돌려준다.

7) 종합 롤러훈련

사이클 롤러 훈련도 처음에는 30분 이상 회전력 훈련이 되어야 하고 훈련량이 되면 운동 강도를 조절하여 다양한 방법으로 훈련을 해주어야 한다.

ex)
- 워밍업 10분 / 기어비 가볍게
- 외발 각각 3분씩 5set / 기어비 가볍게
- 섹터 훈련 밀기 3분, 당기기 3분식 5set / 기어비 무겁게
- 언덕 훈련 5분 / 기어비 무겁게
- 인터벌 2분 댓시 / 30초 휴식 5set / 기어비 가볍게

02 평롤러 적응 트레이닝

처음에 평롤러를 타게 되면 생각보다 쉽지 않기 때문에 단순하지만 숙달 반복을 해주어야 한다. 그리고 고정식 롤러보다 집중력을 더 필요로 한다. 처음부터 30분 정도 타기 어렵기 때문에 처음엔 5분부터 시작하여 점차적으로 시간을 늘려 주어야 한다.

*평롤러를 오래 잘 타려면 미리 준비를 해야 할 품목이 있다.

01 땀을 많이 흘리기 때문에 사이클 핸들바 위에 수건을 미리 준비해야 한다.

02 모자를 쓰거나 헤어밴드를 착용한다. 이마에서 흘러나온 땀이 눈으로 들어갈 수도 있다.

03 음료수를 미리 충분히 마셔야 한다. 땀을 많이 흘리기 때문에 탈수를 예방하기 위해서 필요하다.

04 장갑을 껴준다. 땀으로 인해서 핸들에서 미끄러질 수도 있다. 얼굴에 난 땀을 닦기에 편하다.

05 넘어지는 것을 예방하기 위해서 항상 옆에 의자를 준비한다.

06 지루함을 덜하기 위해서 리듬 있고 빠른 템포의 음악을 틀어준다.

07 앞에 거울이 있으면 자세에 더 신경 쓰고 타게 된다.

08 혼자 타는 것보다는 여러 명의 그룹으로 타게 되면 경쟁도 되기 때문에 운동효과가 크다.

09 롤러 훈련도 개인적인 목표를 가지고 타야 실력이 향상된다.

〈평롤러 타는 요령〉

평롤러를 타기 위해서는 한쪽 벽에 기댈 수 있는 공간이 있어야 하고 안전을 위해서 왼쪽에는 의자가 있어야 한다.

한쪽 벽에 팔꿈치를 기댄 상태에서 페달을 밟아주면서 속도를 높이게 되면 자연스럽게 균형을 잡을 수 있다.

처음에 균형을 유지하기 위해서 손과 어깨에 힘이 많이 들어가게 되기 때문에 적응하기가 어렵다.

평롤러에서 자연스럽게 페달을 돌릴 수 있으면 이제는 더 좋은 회전력을 기르기 위해서 오른쪽 페달은 신발을 신고 왼쪽 페달은 넘어지는 것을 방지하기 위해서 운동화를 신고 페달을 돌려준다.

한쪽 페달이 자연스럽게 연습이 되면 다시 왼쪽의 페달도 신발을 신고 회전력을 증가시키는 연습이 되게 하자. 특히 넘어질 때 신속히 페달을 분리시킬 수 있어야 한다.

롤러 훈련을 하면서 시선을 앞을 보고 연습하는 것을 생활화해야 한다. 고개를 숙이고 연습을 하게 되면 차후에 야외에 나가서 숙달되지 않는다. 특히 앞에 거울이 있으면 자세에 신경을 써준다.

1) 평롤러 기술적인 훈련

평롤러에서도 무작정 페달을 돌리는 것이 아니라 기술적인 훈련이 필요하다. 그렇지만 기술적인 훈련을 갖추려면 최소한 평롤러에서 30분 이상 자연스럽게 탈 수 있는 능력이 되어야 가능하다. 처음부터 무리를 두고 타지 말고 천천히 개인의 능력에 맞는 훈련이 되어야 한다. 특히 평롤러에서는 집중력을 많이 필요로 한다.

브레이크 레버 받침대 자세

사이클 롤러 훈련 시 가장 기본적으로 많이 사용하는 자세이다. 기어비를 가볍게/무겁게 실시한다.
***초보자에게 적합**

드롭바의 밑부분을 잡는 자세

핸들바 아래 드롭바의 밑부분을 잡는다. 상체를 앞으로 숙여주기 때문에 속도를 더 빠르게 올릴 때 사용된다. 기어비를 무겁게 해준다. ***초보자에게 적합**

에어로바를 잡는 자세

상체를 최대한 숙이기 때문에 허리에 부담은 되지만 공기의 저항을 최대한 줄일 수 있다. 기어비를 가볍게 해준다.
***중,상급자에게 적합**

한쪽 손을 놓고 타기

한쪽 손을 놓고 타기에 롤러에서의 균형 잡기가 어렵다. 기어비를 가볍게 해준다.
***중,상급자에게 적합**

양쪽 손 놓고 타기

양쪽 손을 놓고 타기에 조금이라도 자세가 흐트러지게 되면 균형을 잃을 수가 있다. 기어비를 가볍게 해준다. 휴식의 개념으로 사용한다.
*중,상급자에게 적합

외발 훈련

한쪽 발만으로 페달을 돌려주기에 다리에 균형 있는 힘을 기를 수가 있다. 기어비를 가볍게 해준다.
*중상급자에게 적합

댄싱 훈련

안장에서 엉덩이를 들고 핸들을 좌, 우로 흔들어준다. 기어비를 무겁게 해야 자연스럽게 댄싱이 된다.
*중상급자에게 적합

8장 Chapter.8 Bike Safety
사이클 기초 트레이닝

01 준비운동(Warming up)

준비운동은 본격적인 운동 전에 몸을 풀기 위해서 하는 가벼운 운동이다. 운동을 갑자기 시작할 경우 발생하게 되는 신체의 부작용을 예방하고 우리 몸을 운동하기에 적합한 상태로 만드는 운동을 말한다. 특히 추운 겨울 날씨에는 약간 땀이 나는 정도까지 몸을 풀어주어야 운동할 때 안전하다.

* 준비운동 공식
- 걷거나 가볍게 조깅을 해준다.
- 관절 운동을 먼저 실시한다.
- 아래서부터 위로 몸을 풀어준다
  (심장에서 먼 곳부터).
- 좌측에서 우측으로 몸을 풀어준다.

* 준비운동 순서
- 아래서부터 순차적으로 위로 올라간다.
- 신체에 부족한 부분은 집중적으로 실시한다.
- 자연스럽고 편하게 동작이 나와야 한다.

1) 관절운동

1. 손목, 발목 돌려주기

2. 무릎 돌려주기

3. 허리 돌려주기

4. 어깨 짧게 돌려주기

5. 어깨 넓게 돌려주기

6. 목 돌려주기

2) 준비운동 적용

손목 + 발목 털어주기

손목 + 발목 돌려주기

앉았다 일어나기

무릎 돌려주기

짧게 다리 눌러주기

측면 무릎 눌러주기

좌,우로 벌려주기

몸통운동

허리 돌려주기

어깨 짧게 돌려주기

어깨 넓게 돌려주기

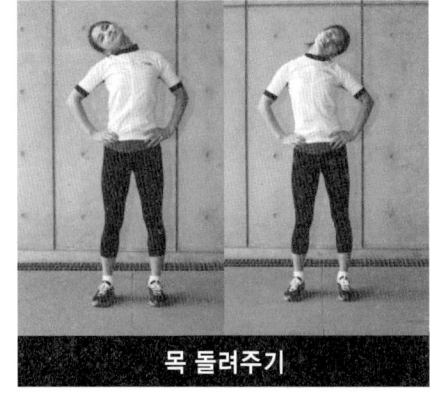
목 돌려주기

02 스트레칭(Stretching)

스트레칭은 좁은 곳에서도 공간의 제한을 받지 않고 할 수 있는 장점이 있다. 운동선수들은 경기력 향상과 부상을 예방하기 위하여 부위별 스트레칭이 자유로워야 한다. 특히 운동을 가르치는 지도자들과 코치들도 관심 있게 지켜봐야 할 대상이고 체계적으로 지도할 수 있어야 한다. 동호인들은 경기력보다는 건강과 안전을 위해서 스트레칭이 필요하다. 특히 사이클을 타다가 넘어졌을 때 몸이 유연한 것과 뻣뻣한 것은 부상의 차이가 크기 때문이다.

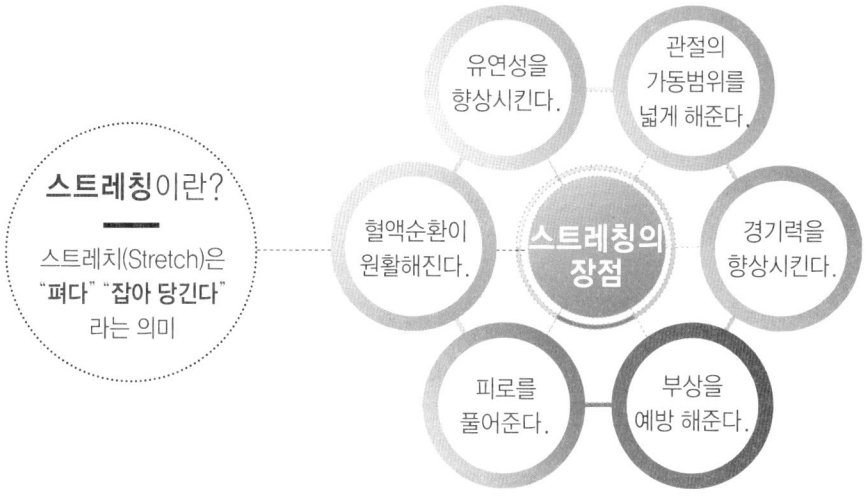

스트레칭이란?
스트레치(Stretch)은 "펴다" "잡아 당긴다" 라는 의미

＊ 스트레칭의 종류

- 정적 스트레칭
느리고 반동을 주지 않는 스트레칭으로 가장 보편적이고 많이 사용되고 있다.

- 동적 스트레칭
반동을 이용해서 리드미컬하게 하는 스트레칭으로 전통적인 형태의 방법으로 사용된다.

- PNF 스트레칭(고유 감각성 신경근 촉진)
재활이나 중풍 환자들을 치료하기 위해서 사용되다가 최근에는 전문 선수들의 유연성과 경기력 향상을 위해서 사용되고 있다.

＊ 스트레칭시 주의사항

· 반동을 주지 않는다.
· 개인의 신체 능력에 맞게 해준다.
· 무리하게 하지 않는다.
· 호흡을 자연스럽게 해준다.

＊ 스트레칭 공식

· 준비운동을 먼저 해준다.
· 위에서 아래로 스트레칭을 해준다.
· 좌측에서 우측으로 스트레칭을 해준다.
· 신체의 전, 후/좌, 우 부분을 골고루 스트레칭 해준다.

＊ 사이클 스트레칭

상체를 숙여서 페달링을 해주기 때문에 허리, 다리, 어깨, 목 등에 전체적으로 근육이 긴장을 하게 되므로 전체적으로 실시한다.

1) 스트레칭 동작

1. 기본 스트레칭

스트레칭 중 가장 기본이 되는 스트레칭으로 피곤하게 되면 기지개를 펴는 본능적인 스트레칭 동작이다.

HOW TO

손에 깍지를 끼우고 정면으로 손을 뻗어주고 난 다음 천천히 위로 팔을 뻗어준다.

2. 상체 측면 스트레칭

상체의 측면을 스트레칭 시키는 동작으로 사이클 경기시 허리와 등에 많은 부담이 가는데 측면 스트레칭으로 척추를 지지하는 허리의 통증을 미리 예방시켜주는 역할을 한다.

HOW TO

손에 깍지를 끼운 상태에서 좌측으로 숙여주고 난 다음 천천히 우측으로 숙여준다.

3. 목 스트레칭(전면, 후면)

목의 전면, 후면을 스트레칭 시켜 경직된 목에 피로감을 풀어주는 역할을 하고 특히 뒤로 젖히는 자세는 목의 통증을 예방시켜 사이클에서 필요한 동작이다.

HOW TO

머리 뒤에 깍지를 끼우고 앞으로 숙여주고 난 다음 천천히 엄지손가락을 턱에 대고 뒤로 밀어준다.

4. 목 스트레칭(좌,우/숙여주기)

목의 좌, 우측을 스트레칭 시켜 경직된 목에 피로감을 풀어주는 역할을 하는 목의 양쪽 측면의 밸런스 유지에 도움이 되는 동작이다.

HOW TO

어깨는 수평으로 하고 목을 좌측으로 숙여주고 난 다음 천천히 다시 우측으로 숙여준다.

5. 목 스트레칭(좌,우/틀어주기)

목의 좌, 우측을 틀어주는 스트레칭은 목이 부드러우면 가동 범위가 넓어져 시합시 경기력에 유리하게 작용하고 경직된 목에 피로를 풀어주는 동작이다.

HOW TO

팔은 뒤로 뻗어주고 목을 좌측으로 틀어주고 난 다음 천천히 목을 우측으로 최대한 틀어준다

6. 어깨 스트레칭(전면)

전면 어깨 부분을 스트레칭 시켜 사이클 경기시 핸들에서의 경직된 어깨의 피로를 풀어주는 동작이다.

HOW TO

앞쪽의 좌측 어깨를 틀어주고 난 다음 천천히 우측으로 어깨를 최대한 틀어준다.

7. 어깨 스트레칭(후면)

후면 어깨 부분을 스트레칭 시켜주고 일반적으로 컴퓨터 작업을 오래 하게 되면 어깨가 결리고 아프게 되는데 사이클 경기 시 핸들에서의 경직된 어깨의 피로를 풀어주는 동작으로 오십견에도 도움이 된다.

HOW TO
어깨 뒤쪽으로 팔꿈치를 잡고 좌측으로 당겨주고 난 다음 천천히 우측으로 팔꿈치를 당겨준다.

8. 어깨 및 가슴 스트레칭

상체에 균형을 유지하고 어깨와 가슴을 스트레칭 시켜 자세 교정에도 도움이 되고 긴장된 상부에 피로를 풀어주고 사이클 경기력에도 영향을 주는 동작으로 오십견에도 도움이 된다.

HOW TO
상체를 편 상태에서 뒤로 깍지를 끼고 천천히 팔을 올려준 다음 천천히 상체를 앞으로 숙여주면서 무릎을 구부려 준다.

9. 허리, 햄스트링 스트레칭

허리를 뒤로 젖혀주면서 긴장된 허리의 부담을 덜어주는 스트레칭으로 앞으로 숙여주면서 뒤쪽 허벅지(햄스트링)의 피로를 풀어주어 사이클에서 상, 하체의 경직된 부분을 풀어주는 동작이다.

HOW TO
손을 뒤 허벅지를 잡고 상체를 뒤로 서서히 젖혀주고 난 다음 천천히 앞으로 숙여준다.

10. 측면 장경인대 스트레칭

이 동작으로 장경인대 스트레칭으로 무릎이 아픈 선수들에게 효과가 있다. 사이클에서도 경기력을 향상시키는 스트레칭이다.

HOW TO
상체를 편 상태에서 다리를 교차한 상태에서 상체를 앞으로 숙여준다.

11. 몸통 스트레칭

상, 하체를 균형 있게 유지하는 스트레칭으로 자세 교정에도 도움이 되고 긴장된 허리에 피로를 풀어주기에 사이클 경기력에도 영향을 주는 동작이다.

HOW TO
상체를 앞으로 숙인 상태에서 한쪽 손은 발목을 잡아주고 반대편 팔은 대각선을 유지하면서 뒤로 뻗어주고 시선은 올린 손을 향한다.

12. 종아리 스트레칭

하체의 종아리 근육을 단련시키는 스트레칭으로 종아리 근육이 약하게 되면 경련(쥐)이 자주 일어나게 된다. 지구력 강화에도 도움이 되고 페달링 시 페달을 당기고 올려줄 때 도움이 되는 동작이다.

HOW TO

상체를 편 상태에서 앞쪽 다리는 무릎을 구부리고 뒤쪽 다리는 펴주고 천천히 상체를 앞으로 숙이면서 대각선이 되게 해주고 손바닥은 앞, 허벅지를 지탱시켜주고 다시 상체를 완전히 앞으로 숙여준다.

13. 햄스트링 스트레칭

하체에 긴장된 햄스트링을 풀어주는 스트레칭으로 사이클에서 페달링으로 피곤한 다리를 빠르게 회복시켜주는 동작이다.

HOW TO

좌측 발은 앞으로 뻗어주면서 앞꿈치를 들어주고 우측 발은 약간 구부려준다. 상체는 숙여주면서 손은 뻗은 허벅지에 지탱을 시킨다.

14. 햄스트링 스트레칭

하체에 긴장된 햄스트링을 풀어주는 스트레칭으로 사이클에서는 페달링으로 피곤한 다리를 빠르게 회복시켜주는 동작이다.

HOW TO
선 상태에서 좌측으로 상체를 천천히 숙여주고 다시 반대쪽으로 실시한다.

15. 고관절 내전근 스트레칭

상, 하체에 균형을 유지하는 스트레칭으로 자세 교정에도 도움이 되고 특히 상체를 틀어주는 동작은 사이클에서도 긴장된 허리와 햄스트링을 풀어주는데 효과가 있는 동작이다.

HOW TO
기마자세에서 손은 무릎을 지탱시키고 좌측으로 몸을 틀어주고 천천히 우측으로 몸을 틀어준다.

16. 둔근 스트레칭(전면)

몸 전체의 균형감각을 유지하는데 도움이 되고 엉덩이와 햄스트링을 스트레칭 시키고 사이클에서 페달링을 부드럽게 향상시키는데 도움이 동작이다.

HOW TO
선 상태에서 좌측 무릎을 구부려 잡고 균형을 유지하면서 천천히 우측 무릎을 구부려준다.

17. 대퇴사두근 스트레칭(전면)

몸 전체의 균형감각을 유지하는데 도움이 되고 대퇴사두근을 스트레칭 시켜주고 발목을 유연하게 만들어 사이클에서 페달링을 향상시키는데 도움이 되는 동작이다.

HOW TO
선 상태에서 몸의 균형을 잡고 좌측 발목을 잡고 우측 팔은 옆으로 뻗어 주면서 서서히 반대쪽으로 실시한다.

18. 고관절 내전근 스트레칭(안쪽)

하체에 균형을 유지하면서 고관절의 가동 범위를 최대한 향상시키는 스트레칭으로 사이클에서 효과적인 페달링과 다리에 피로를 풀어 주는 동작이다.

HOW TO
앉은 상태에서 좌측으로 다리를 뻗어 주고 균형을 유지하면서 앞쪽을 팔을 펴준다.

19. 발목 스트레칭 (바깥쪽)

발목의 유연성을 향상시키는 스트레칭으로 자주 하게 되면 발목이 강화되고 잘 겹질리지 않아서 효과가 있다. 사이클에서는 페달을 밀고 당길 때 도움이 되는 동작이다.

HOW TO
선 상태에서 발목을 바깥쪽으로 틀어주고 천천히 상체를 숙여준다.

20. 발목 스트레칭 (안쪽)

발목의 유연성을 향상시키는 스트레칭으로 자주 하게 되면 발목이 강화되고 잘 겹질리지 않아서 효과가 있다. 사이클에서는 페달을 밀고 당길 때 도움이 되는 동작이다.

HOW TO
선 상태에서 발목을 좌, 우로 천천히 틀어준다.

03 정리운동(Cool down)

정리운동은 운동을 마무리할 때 하는 운동이다. 본 운동으로 인해 일어난 신체의 변화를 안정된 상태로 다시 돌려놓는 역할을 한다. 급격하게 체온이 떨어지는 것을 막아 심장에 부담을 덜어주게 된다. 마무리 운동으로 스트레칭을 하게 되면 준비운동 때보다 이완이 더욱 잘 된다.

* 정리운동 공식
- 걷거나 가볍게 조깅을 해준다.
- 좌측에서 우측으로 몸을 풀어준다.
- 앉아서 혹은 누워서 스트레칭을 해준다.

* 스트레칭시 주의사항
- 신체 중 많이 사용한 부분을 스트레칭 해준다.
- 동작들이 끊기지 않고 이어져야 한다.
- 자연스럽고 편하게 동작이 나와야 한다.

1) 정리운동 적용

(1) 앉은 상태에서 다리를 뻗어 앞으로 숙여주기

이 동작은 무릎 굴곡근을 스트레칭 시켜 사이클 이후 뒤허벅지를 빠르게 회복시켜주는 역할을 한다.

HOW TO

앉은 상태에서 양쪽 다리를 앞으로 뻗어주고 자연스럽게 앞으로 숙여준다.

(2) 앉은 상태에서 다리 모아 앞으로 숙여주기

이 동작은 고관절 내전근을 스트레칭 시켜주어 사이클 이후 엉덩이 주변의 고관절을 빠르게 회복시켜주는 역할을 한다.

HOW TO

다리를 모은 상태에서 앉아주면서 자연스럽게 상체를 앞으로 숙여준다.

(3) 앉은 상태에서 측면으로 한쪽 다리 뻗은 상태에서 숙여주기

이 동작은 고관절 내전근을 스트레칭 시켜주어 사이클 이후 엉덩이 주변의 고관절을 빠르게 회복시켜주는 역할을 한다.

앉은 상태에서 좌측 다리를 옆으로 뻗어주고 상체를 펴준 다음 천천히 상체를 뻗은 다리 쪽으로 숙여준다.

(4) 앉은 상태에서 양쪽 다리 벌려서 앞으로 숙여주기

이 동작은 무릎 굴곡근과 고관절 내전근을 스트레칭 시켜 사이클 이후 고관절 주변을 빠르게 회복시켜주는 역할을 한다.

양쪽 다리를 벌린 상태에서 상체를 펴준 다음 천천히 상체를 앞으로 숙여준다.

(5) 앉은 상태에서 양쪽 다리 벌리고 측면으로 숙여주기

이 동작은 무릎 굴곡근과 고관절 내전근을 스트레칭 시켜 사이클 이후 고관절 주변을 빠르게 회복시켜주는 역할을 한다.

양쪽 다리를 벌린 상태에서 상체를 좌측으로 숙여주고 천천히 우측으로 숙여준다.

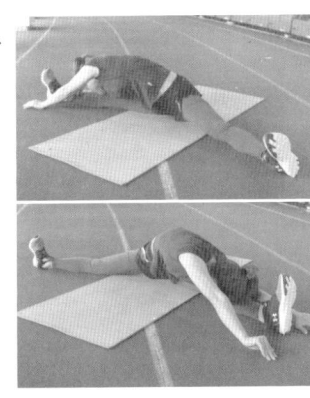

(6) 앉은 상태에서 양쪽 다리를 벌려서 숙여주면서 틀어주기

이 동작은 고관절 내전근과 상체의 측면 부분을 스트레칭 시켜주어 사이클 이후 긴장된 허리와 고관절 주변을 빠르게 회복시켜주는 역할을 한다.

 HOW TO

양쪽 다리를 벌려주면서 상체를 좌측으로 틀어서 숙여주고 천천히 우측으로 틀어서 숙여준다.

(7) 앉은 상태에서 다리 잡고 누워주기

이 동작은 고관절 외회전근을 스트레칭 시키는 동작으로 사이클에서 피로한 고관절을 빠르게 회복시켜주는 역할을 한다.

 HOW TO

앉은 상태에서 좌측 다리를 감싸주면서 천천히 뒤로 누워준다.

(8) 앉은 상태에서 무릎 구부리면서 숙여주기

이 동작은 무릎 굴곡근과 고관절 내전근을 스트레칭 시켜 사이클 후 고관절을 빠르게 회복시켜주는 역할을 한다.

 HOW TO

앉은 상태에서 허들을 넘는 자세를 취한 다음 앞으로 천천히 숙여준다.

(9) 앉은 상태에서 무릎 구부리고 틀어주기

이 동작은 고관절 외회전근과 허리의 신전근을 스트레칭 시켜 사이클 후 경직된 허리와 다리를 빠르게 회복시켜주는 역할을 한다.

 HOW TO

앉은 상태에서 한쪽 다리는 뻗어주고 좌측 다리는 구부려서 팔꿈치로 눌러주면서 상체를 뒤쪽으로 틀어준다.

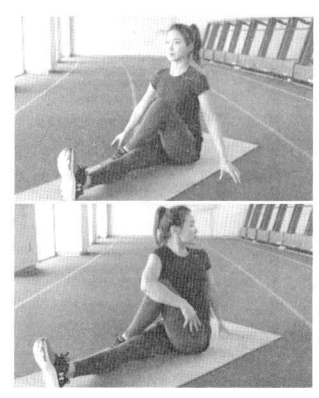

(10) 앉은 상태에서 다리 뻗어주면서 누워주기

이 동작은 고관절 신전근 스트레칭으로 사이클 후 고관절을 빠르게 회복시켜주는 역할을 한다.

 HOW TO

앉은 상태에서 우측 다리를 뻗고 천천히 뒤로 눕는다.

(11) 누운 상태에서 무릎 구부려주기

이 동작은 고관절 신전근과 허리를 신장 시켜 사이클 후 고관절과 허리에 부담을 덜어주는 역할을 한다.

 HOW TO

누운 상태에서 좌측 무릎을 구부리고 당겨주고 우측으로 하고 난 다음 양쪽 무릎을 당겨준다.

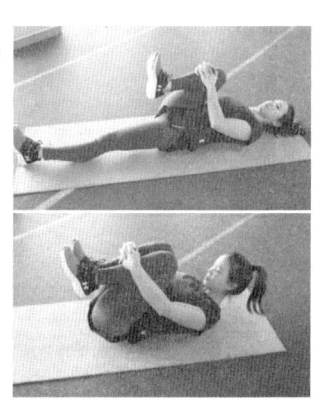

(12) 누운 상태에서 다리 틀어주기

이 동작은 고관절 내전근과 허리를 스트레칭 시켜 사이클 후 고관절에 허리에 부담을 덜어주는 역할을 한다.

 HOW TO

누운 상태에서 팔을 옆으로 벌리고 다리는 뻗어 준다. 천천히 좌측 다리를 옆으로 틀어준다.

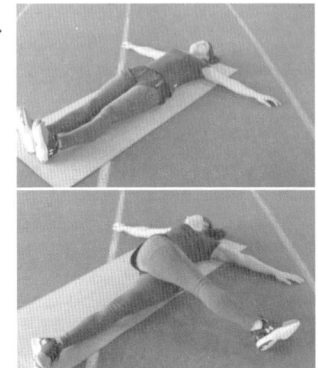

(13) 엎드린 상태에서 상체 뒤로 젖혀주기

이 동작은 상체 하부 굴곡근을 스트레칭 시켜 사이클 후 허리에 대한 부담을 덜어주는 역할을 한다.

 HOW TO

엎드린 상태에서 코브라 자세처럼 만들어주면서 상체를 뒤로 젖혀준다.

(14) 엎드린 상태에서 발목잡고 아치 만들기

이 동작은 고관절 굴곡근과 무릎 신전근을 스트레칭 시켜 사이클 후 전신을 회복시켜 주는 역할을 한다.

 HOW TO

엎드린 상태에서 양쪽 발목을 잡아주면서 천천히 아치형을 만들어 준다.

(15) 엎드린 상태에서 틀어주기

이 동작은 고관절 굴곡근과 무릎 신전근을 스트레칭 시켜 사이클 후 고관절을 회복시켜 주는 역할을 한다.

 HOW TO

엎드린 상태에서 팔을 양쪽으로 벌린 상태에서 다리는 뻗어준다. 좌측 다리를 구부려서 틀어준다.

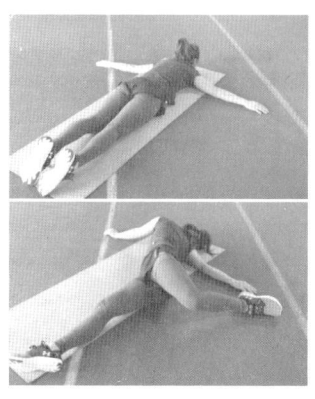

(16) 앉은 상태에서 무릎 꿇고 뒤로 젖혀주기

이 동작은 고관절 굴근을 스트레칭 시켜 사이클 후 대퇴 사두근을 강화게 회복시켜주는 역할을 한다.

 HOW TO

무릎을 구부린 상태에서 상체를 펴준 다음 천천히 팔을 뒤로 빼면서 허리를 뒤로 젖혀준다.

04 난간 스트레칭

　기본적인 스트레칭은 서서하거나 누워서, 엎드려서 하는 스트레칭을 말한다. 그러나 난간(도구)을 이용하는 스트레칭은 일반적으로 하는 스트레칭 보다 강도 면에서 차이가 크기 때문에 일반 선수들보다는 숙달된 선수들에게 더 필요할 것이다. 가동 범위가 크다는 것은 그만큼 운동 능력을 극대화할 수 있다는 말이다.

　사이클은 다른 종목과 달리 두 바퀴를 이용해서 차가 다니는 도로에서 내가 가진 능력을 보여주어야 하기에 최대한 집중하고 상체를 숙여야 기록이 단축되기에 신체적으로 경직된 자세가 된다. 사이클은 항상 속도와의 싸움이기에 긴장을 늦추지 않아야 한다. 특히 부상을 당했을 땐 자칫 대형 사고로 번질 수 있기 때문에 유연성의 필요성은 절실하게 필요하다.

　특히 각 팀의 코치들은 경기력을 향상시키기 위해서 도로에서의 사이클 훈련도 중요하지만 시즌이 끝난 다음은 기본적인 체력훈련이 되어야 한다. 그런데 스트레칭 프로그램은 형식적으로 준비/정리운동으로 간단하게 하고 그리 중요하지 않게 생각하는 것 같다.

　스트레칭은 꼭! 운동 시 만하는 것이 아니라 평소에도 자연스럽게 접근해야 한다. 사이클을 잘 타기 위해서는 사이클을 많이 타야 하는 것처럼 유연성을 향상시키려면 자주 해야 하는 것이 진리이다.

＊ 난간 스트레칭 장점

- 난간을 잡고 하기에 흔들림 없이 안정성이 크다.
- 일반적인 스트레칭 보다 관절의 가동 범위를 넓혀준다.
- 경기력을 향상시킨다.

＊ 스트레칭시 주의사항

- 준비운동보다는 운동 중 휴식이나 마무리 정리운동시 해준다.
- 처음에는 가동 범위를 짧게 해주고 숙달이 되면 가동 범위를 조금씩 넓혀 준다.
- 운동량이 많은 곳은 자주 해준다.
- 반동을 주면서 하지 않는다.
- 안되는 부위는 자주 해준다.
- 아픈 부위는 강도를 낮게 해준다.

1) 난간 스트레칭 방법

(1) 난간 잡고 어깨 눌러주기

상체를 숙이고 핸들을 잡고 사이클을 타기에 어깨와 등 부분이 많은 긴장이 가게 된다. 가슴과 어깨, 등이 스트레칭이 되고 어깨를 눌러 주기에 어깨가 시원해진다. 장거리 사이클을 탈 때 어깨나 등이 경직이 되었을 경우, 특히 어깨가 탈구되거나 뻣뻣한 어깨에 유용한 스트레칭이다.

HOW TO

상체를 숙인 상태에서 지지대를 잡는다. 천천히 양쪽 어깨를 가볍게 눌러주고 무릎을 약간 구부려준다. 허리는 구부정하게 하지 말고 아치를 만들어 준다.

(2) 난간잡고 종아리 스트레칭

종아리(비복근) 스트레칭으로 페달을 밀거나 당길 때 유용하게 작용한다. 상체를 펴고 한 상태에서 앞으로 숙이게 되면 종아리에 더 많은 자극이 가게 된다.

HOW TO

상체를 편 상태에서 난간을 잡아준다. 앞쪽 다리는 구부려주고 반대쪽은 펴준다. 그 상태에서 천천히 상체를 앞으로 숙여준다. 뒤쪽 발은 정면을 향하게 해야 한다. 발이 옆으로 향하면 오히려 긴장이 되어 근육에 불편함이 생기게 된다.

(3) 난간에 다리를 구부리고 펴주기

일반적으로 서서 하는 동작보다 난간에서 하게 되면 각동 관절의 범위가 넓어진다. 이 동작은 엉덩이 둔근과 뒤허벅지의 햄스트링과 종아리까지 스트레칭 시켜주는 역할을 한다.

> **HOW TO**
> 난간에 발을 올린 상태에서 처음에는 무릎을 구부려준 다음 천천히 다리를 펴서 스트레칭을 하면 자연스럽게 동작이 연결된다.

(4) 난간에서 다리 옆으로 뻗어주고 숙이기

정면 또는 후면 근육의 사용량이 많지만 측면은 근육의 사용 범위가 떨어지게 때문에 내전근(대퇴부 안쪽) 스트레칭도 필요하다.

> **HOW TO**
> 난간에 옆으로 한쪽 다리를 뻗어서 올린 다음 상체를 편 상태에서 깍지를 끼우고 손을 위로 올려준다. 천천히 위로 올린 상태에서 우측으로 숙여준다.

(5) 난간에서 다리 옆으로 뻗어주면서 양쪽 발목잡기

정면 또는 후면 근육의 사용량이 많지만 측면은 근육의 사용 범위가 떨어지게 때문에 내전근(대퇴부 안쪽) 스트레칭도 필요하다.

> **HOW TO**
> 난간에 옆으로 한쪽 다리를 올린 상태에서 상체를 편 상태에서 팔은 수평으로 벌린다. 천천히 앞으로 숙여주면서 양쪽 발목을 잡아준다.

(6) 난간에서 앞으로 숙여주면서 틀어주기

정면 또는 후면 근육의 사용량이 많지만 측면은 근육의 사용 범위가 떨어지게 때문에 내전근(대퇴부 안쪽) 스트레칭도 필요하다. 특히 숙인 다음 틀어주는 스트레칭은 더 효과가 크다.

> **HOW TO**
> 난간에 옆으로 한쪽 다리를 올린 상태에서 상체를 앞으로 숙여준다. 천천히 상체를 우측 다리 쪽으로 틀어주면서 숙여준다.

(7) 뒤에서 난간 잡고 앉기. 어깨 및 가슴 스트레칭

지지대를 잡고 하는 스트레칭은 일반 스트레칭 보다 2배 정도 효과가 크다. 특히 어깨의 가동 범위가 떨어지는 사람들은 이 스트레칭을 하게 되면 어깨가 유연해진다. 특히 오십견에 좋은 스트레칭이다.

*오십견 환자들은 천천히 동작해야 하며 통증이 느끼지 않는 범위까지만 실시한다.

 HOW TO

난간 뒤에서 어깨너비만큼 잡고 보폭은 어깨너비만큼 벌린다. 천천히 난간을 잡은 상태에서 상체를 펴주면서 앉아 준다.

(8) 뒤에서 한쪽 손 난간 잡고 틀어주기. 팔 어깨/겨드랑이 스트레칭

이 스트레칭은 한쪽 방향의 어깨를 집중적으로 스트레칭 시키기 때문에 어깨 특히 동작을 틀어서 해주기 때문에 시원한 느낌이 든다. 특히 어깨가 결릴 때 오십견에도 효과가 크다. 장거리 사이클로 인해서 핸들로 인해 상체의 긴장을 풀 수 있고 팔을 피로를 풀어준다.

HOW TO

난간 뒤로 한 상태에서 한쪽 손은 난간을 잡고 반대 손은 열중쉬어 자세를 취하고 몸통은 틀어준다.

(9) 난간잡고 한쪽 무릎 구부리기

이 동작은 앞허벅지인 대퇴사두근을 스트레 칭 시키는 스트레칭으로 발목을 잡고 엉덩이 쪽으로 당기게 되면 효과가 크게 나타난다.

HOW TO

한쪽 손은 난간을 잡고 반대 손은 발목을 잡는다. 천천히 발목을 잡은 손은 엉덩이 쪽으로 최대한 잡아당긴다.

(10) 난간 잡고 발목 스트레칭

난간을 잡고 어깨와 등을 스트레칭하면서 동시에 발목도 강화시켜 주면서 스트레칭 시켜준다. 특히 발목을 잘 삐는 사람들에게 좋다.

HOW TO

상체를 숙인 상태에서 지지대를 잡는다. 천천히 발목을 바깥쪽으로 틀어준다.

(11) 난간에서 종아리 스트레칭

서서 하는 것보다 지지대를 잡고 하게 되면 종아리에 강한 스트레칭이 되고 발목도 부드러워지게 된다. 특히 발목이 약한 사람들에게 좋다.

HOW TO
난간을 잡고 발은 최대한 아래쪽으로 신장시키면 종아리가 당기는 느낌이 든다. 천천히 발목을 들었다 다시 내려주면서 반복적으로 실시한다.

(12) 난간 잡고 앉아서 한쪽 다리 뻗기 측면(내전근)스트레칭

보통 동호인 선수들은 앉아서 스트레칭을 하게 되면 골반과 균형이 잘 잡히지 않아서 어렵지만 지지대를 잡고 하게 되면 자세가 안정이 된다.

HOW TO
난간을 잡고 상체를 편 상태에서 앉은 다음 좌측 다리를 옆으로 뻗어준 다음 천천히 손으로 구부린 무릎을 우측으로 밀어준다.

05 맨몸 트레이닝(Body Training)

맨몸 트레이닝이란? 기구나 장비의 도움 없이 그냥 맨몸으로 트레이닝을 하는 것을 의미한다. 맨몸으로 트레이닝을 한다고 '훅! 이거 운동이 되지 않느냐'라고 의문을 가지는 분들도 있겠지만 중량 없이 내 몸으로 트레이닝을 하는 것이 운동을 시작하는 초보자들에게는 부담이 되지 않고 자세를 올바로 잡는데 도움이 된다.

인터넷에서 배운 자세를 보고 중량을 들고 어정쩡하게 따라 하다가 부상을 당하는 것은 저자는 많이 보아 왔다. 그리고 정말 기본적인 자세인데도 선수 출신도 많이 틀리게 하는 걸 볼 수 있다. 이번 기회에 맨몸으로 내 몸을 한층 업그레이드해보자. 우선 한 번에 10번 정도 해보고, 횟수를 개인의 체력에 맞게 증가시켜보자. 여러 번 반복하다 보면 근육에 느낌이 오게 된다.

* 맨몸 트레이닝의 장점
- 기구와 장소와 관계없이 어느 곳에 운동을 할 수 있다.
- 정확한 운동 자세를 취할 수 있다.
- 부상의 위험성이 적다
- 경기력을 향상시킨다.

* 맨몸 트레이닝 공식
- 하체를 먼저 해주고 상체를 해준다.
- 근육이 큰 부위를 먼저 하고 작은 부위는 나중에 해준다.
- 한 동작을 하더라고 단련되는 운동 부위에 집중을 해준다.
- 반동을 주면서 하지 않는다.
- 약한 부위가 우선이 될 수 있다.
- 아픈 부위는 강도를 낮게 해준다.

● 1) 하체

모든 운동의 기본은 하체에서 시작된다. 대부분의 사람들이 하체의 중요성을 느끼지 못하고 있다. 하체는 우리 몸을 지탱 시켜주는 지주 역할을 한다. 상체 운동을 할 때도 하체에서 고정이 되어야 집중도를 높일 수 있기 때문에 하체가 우선이 되어야 한다.

* 하체가 약하게 되면
- 정력이 약해진다.
- 자신감이 없다.
- 노화가 빨리 온다.
- 피로가 빨리 온다.

1) 하체

(1) 스쿼트(Squat)

스쿼트는 하체를 단련 시켜주는 아주 기본적인 운동이다. 그렇지만 이 자세는 사이클 선수 출신도 잘 못하는 경우를 종종 볼 수가 있다. 중량보다는 기본적으로 맨몸으로 우선 자세를 잡고 난 다음 중량 운동을 하게 되면 도움이 많이 된다.

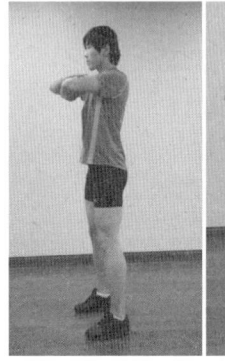

HOW TO

다리를 어깨너비보다 약간 넓게 벌리고 상체를 편 상태에서 자연스럽게 의자에 앉는 것처럼 앉아준다. 이때 무릎은 발 앞꿈치를 벗어나지 않게 해야 한다.

(2) 런지(Lunge)

런지도 스쿼트와 함께 비중이 있는 운동이다. 스쿼트처럼 대퇴사두근, 햄스트링, 대둔근까지 단련 시켜주는 운동이고 특히 한쪽 부위에 집중적으로 부하를 줄 수 있고 균형감각도 길러주면서 다리의 근육을 골고루 균형 있게 조화를 이루어 준다.

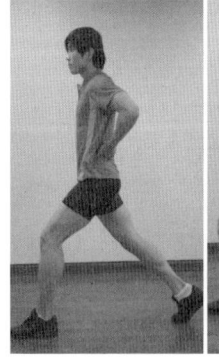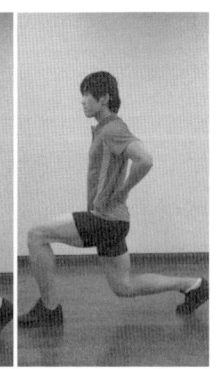

HOW TO

한쪽 발을 앞으로 내디디면서 무릎을 구부리고 반대쪽 다리는 펴준다. 그 상태에서 상체는 펴면서 앞, 뒤 다리를 동시에 같이 구부린다. 스쿼트와 마찬가지로 무릎이 발 앞꿈치를 벗어나지 않게 해야 한다.

(3) 카프 레이즈(Calf Raise)

종아리 훈련은 달리기나 점프력을 길러 주기 위해서 많은 선수들이 사용하고 있다. 일반인들도 많이 해야 하지만 특히 비복근에 쥐(경련)가 잘나는 사람들에게 필요하다. 경련이 일어나는 이유는 체력이 약하기 때문에 단련을 해주어야 한다.

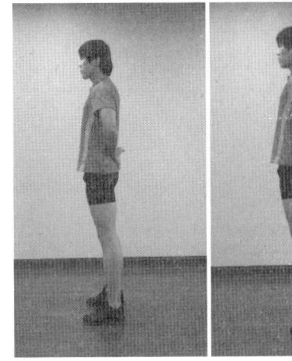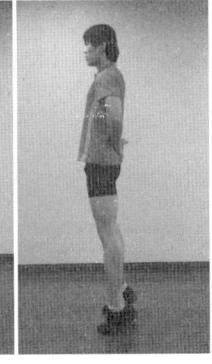

HOW TO
다리는 어깨너비로 벌리고 상체를 편 상태에서 발뒤꿈치를 올려준다. 이때 그 상태에서 1초 정도 정지한 다음 내려준다.

(4) 토우 레이즈(Toe Raise)

토우 레이즈는 정강이(전경골근)를 단련시켜주는 운동인데 일반인들에게는 생소한 운동이다. 특히 전경 골근이 무릎 부분의 근육과 연결이 되기 때문에 무릎을 강화시켜 주기 위해서 필수적으로 해야 한다.

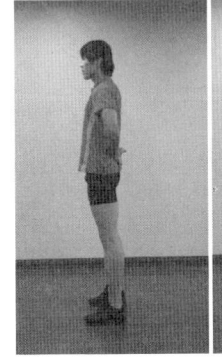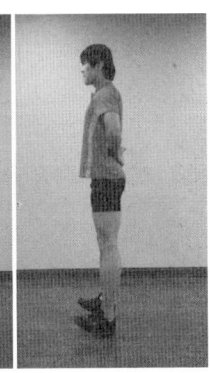

HOW TO
다리를 어깨너비로 벌리고 상체를 편 상태에서 앞꿈치를 들어준다. 그 상태에서 1초 정도 정지한 다음 올려준다.

1) 상체

상체는 하체보다 눈으로 보이는 이미지가 있어서 그런지 많이 신경을 쓴다. 특히 가슴과 복근은 남녀노소를 막론하고 많은 관심 사항이다.

* 상체가 약하게 되면

· 허리를 지탱 시키고 있는 근육들이 약해져 자세가 틀어지고 척추에 부담을 많이 준다.
· 복근이 약하게 되면 허리가 약하고 허리가 약하면 복근이 약하다.
· 구부정해 보인다.
· 자신감이 없어 보인다.

(1) 푸시업(Push-up)

일반적으로 팔굽혀펴기라 부른다. 일반 사람들을 시켜보면 10번을 제대로 하지 못한다. 내 몸무게 정도는 버틸 수 있는 근력은 있어야 한다. 이 운동은 가슴을 단련 시켜주는 기본적인 운동으로 선수들도 기초체력 단련이나 서킷트 트레이닝 시 필수적으로 실시를 해주는 운동이다.

 HOW TO

엎드린 상태에서 상체와 다리를 펴고, 양쪽 팔을 구부린다. 이때 팔굽혀펴기가 약한 사람은 무릎을 구부리고 하거나 벽에 지탱을 하면 쉽게 할 수가 있다.

(2) 딥(Dip)

딥은 뒤로하는 팔굽혀펴기를 말한다. 이 운동은 삼두근을 단련 시켜주지만 자세에 따라서 가슴 및 어깨 부위를 강화시키는 운동으로 어깨 관절에 유연성을 향상시켜주기도 한다.

HOW TO
의자나 평벤치에 양팔을 대고 다리는 펴주면서 뒤로 팔굽혀펴기를 한다. 이때 강도를 더하기 위해서 다리에도 의자를 걸쳐주면 운동량이 많아진다.

(3) 크런치(Crunch)

일반 사람들은 크런치를 싯업 동작이랑 비슷하다고 생각하지만 크런치는 상복부를 단련 시켜주는 운동으로 복근과 허리가 약한 사람들이 부담 없이 할 수 있는 운동이다.

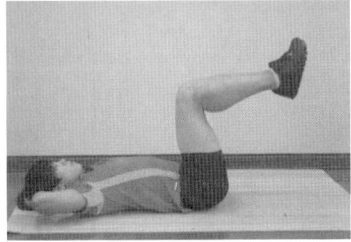

HOW TO
누운 상태에서 양쪽 무릎은 구부려준다. 손은 머리 뒤에 살짝 갖다 대고 상체를 반동 없이 일으킨다.

(4) 싯업(Sit-up)

싯업은 윗몸일으키기라고 해서 복근을 단련시키기 위해 가장 많이 하고 있지만 반동을 주면서 운동을 하는 경우가 대부분이다. 특히 다리를 펴고 하는 싯업은 허리에 무리가 많이 가기에 주의해야 한다. 싯업은 복근 전체를 단련 시켜준다.

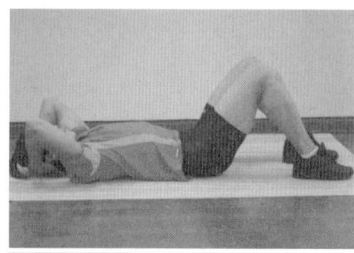

HOW TO
누운 상태에서 양쪽 무릎은 구부리고 손은 머리 뒤로 살짝 갖다 대고 상체를 반동 없이 일으킨다.

---

(5) 레그 레이즈(Leg Raise)

레그 레이즈는 누운 상태에서 다리를 들어 올리는 동작으로 하복부를 단련 시켜주는 운동이다. 초보자들은 허리에 무리가 가기 때문에 무릎을 약간 구부린 상태에서 다리를 올려준다.

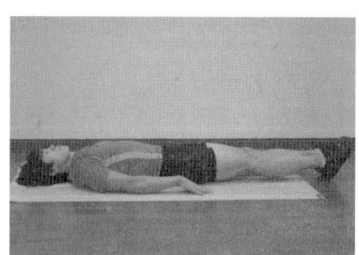

HOW TO
누운 상태에서 다리를 90°로 반동 없이 올려주고 천천히 내려준다.

(6) 백 익스텐션(Back Extension)

백 익스텐션은 척추기립근을 단련 시켜주는 운동으로 허리는 우리 몸을 지탱시키고 있는 지주 역할을 하기 때문에 그 중요성은 누구나 알고 있다. 운동선수들도 부상 예방을 위해서 허리 운동은 필수적으로 실시해주고 있다.

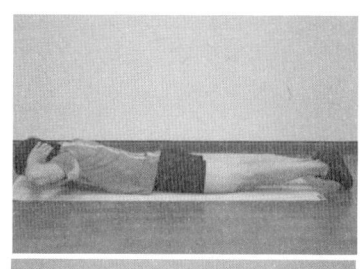

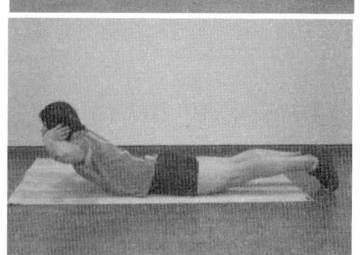

HOW TO
엎드린 상태에서 손은 머리에 살짝 갖다 대고 상체를 반동 없이 일으킨다.

(7) 플랭크(Plank)

팔굽혀펴기와 비슷한 동작으로 엎드린 상태에서 팔꿈치로 버티는 훈련으로 복근과 허리를 강화시켜주는 운동이다.

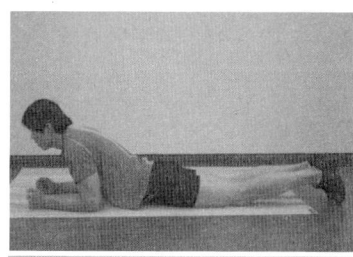

HOW TO
팔굽혀펴기와 자세가 비슷하지만 팔꿈치를 구부려준다. 엎드린 상태에서 상체를 들고 엉덩이를 들어주면서 버티는 운동이다.

06 바벨 트레이닝(Barbell Training)

맨몸으로 트레이닝을 완성되었다면 이번에는 좀 더 신체에 자극이 가게 하는 바벨 트레이닝을 해보자. 일반적으로 체육관에서 운동을 하게 되면 기본적인 운동방법을 배우거나 쉽게 할 수 있는 머신 기구로 운동을 하게 되는데 대부분 형식적으로 운동을 하다가 옆 사람과 의식적으로 경쟁을 하게 된다.

중량 운동은 경쟁이 아닌 나의 운동 수준에 맞는 운동이 되어야 한다. 바벨 트레이닝도 집중을 하면서 자주 반복을 하게 되면 운동 부위에 자극이 오게 된다. 무조건 운동 횟수만 채우는 것이 아니라 정확한 자세로 개인의 체력에 맞게 하다 보면 운동 효과를 최대한 얻을 수 있다.

* 바벨(Barbell)

바벨에 중량(원판)을 사용하지 않고 그냥 바벨만으로 운동을 하는 것으로 신체의 교정이나 자세를 잡기 위해서 사용된다. 바의 무게는 18kg ~ 20kg 정도 된다. 현장에서 사이클 선수들을 스쿼트나 데드 리프트를 바벨을 잡고 시켜보면 제대로 동작이 나오지 않는 경우가 많이 있기 때문에 정확한 자세를 잡아야 제대로 트레이닝 할 수 있다.

* 바벨 트레이닝의 장점
· 정확한 운동 자세를 취할 수 있다.
· 신체의 불균형한 자세를 교정할 수 있다.
· 중량에 부담감이 없다.
· 부상의 위험성이 적다.
· 경기력을 향상시킨다.

* 트레이닝 자세 공식
· 시선은 항상 정면을 향한다.
· 가슴 중앙 부위를 펴준다.
· 다리를 어깨너비로 벌린다.
· 호흡을 자연스럽게 한다.
· 반동을 주지 않는다.

* 주의사항
· 바벨이 흔들리지 않게 한다.
· 바벨이 좌우로 기울어지거나 틀어지지 않게 한다.
· 운동 능력에 맞는 무게를 선택한다.

1) 운동의 종류

* 3대 리프트 운동

스쿼트, 데드 리프트, 벤치 프레스는 보디빌딩에서 대표적인 3대 리프트 운동이다. 이 운동은 모든 운동의 기본 종목이기 때문에 집중적으로 단련을 시켜야 한다. 사이클에서도 단련시켜야 할 기본적인 웨이트 운동이다. 쉽게 보일지라도 생각했던 것보다 자세가 나오지 않는다. 한가지 자세가 좋지 않으면 다른 동작도 잘 나오지가 않기 때문에 자세에 신경을 쓰길 바란다.

(1) 스쿼트(Squat)

스쿼트는 웨이트 운동 중에 가장 기본적인 운동으로 남, 여를 불문하고 모든 운동선수들에게 해당된다. 운동을 소홀히 하면 전체적인 근력 발달을 달성할 수 없고, 이에 따라 적절한 운동 수행능력을 성취할 수 없게 된다. 사이클 선수에게 하체는 엔진이기 때문에 필수적으로 해주어야 한다. 운동시 대퇴사두근, 햄스트링, 대둔근, 척추기립근을 단련 시켜주는 다중 관절 운동에 속한다.

HOW TO
엎드린 상태에서 손은 머리에 살짝 갖다 대고 상체를 반동 없이 일으킨다.

주의 상체를 앞으로 구부정하게 숙이게 되면 허리에 부담이 간다.

(2) 데드 리프트(Dead Lift)

데드 리프트는 종류에 따라서 2가지로 구분이 되는데 무릎을 구부리고 하는 루마니안 데드 리프트와 무릎을 펴고 하는 스티프레그드 데드 리프트가 있다. 초보자들은 허리에 무리가 가기 때문에 무릎을 펴고 하는 루마니안 데드 리프트가 좋다. 사이클에서 상체를 숙이고 페달링을 해주기 때문에 허리 부위에 긴장이 많이 가게 된다. 스쿼트와 마찬가지로 대퇴사두근, 햄스트링, 대둔근, 척추기립근을 단련 시켜주는 다중 관절 운동이다.

HOW TO

바를 어깨너비보다 약간 넓게 잡고 상체를 먼저 숙이지 말고 엉덩이를 뒤로 뺀 상태에서 상체를 숙여준다. 이때 허리가 구부러지지 않게 해야 한다. 바는 다리를 스치듯이 내려주면서 무릎은 살짝 구부려준다.

주의 숙인 상태에서 허리가 구부정하게 되면 허리에 무리가 가게 된다.

(3) 벤치 프레스(Bench Press)

누운 상태에서 바를 미는 운동으로 가슴을 단련 시켜주는 운동 중 가장 기본적인 운동이다. 오랜 시간 사이클 핸들바에서 지속적인 자세를 유지시키려면 가슴 운동이 필요하다. 운동시 대흉근 단련 운동으로 삼각근과 삼두근이 동원되는 다중 관절 운동이다.

HOW TO

누운 상태에서 바를 잡는다. 바는 어깨너비보다 약간 넓게 잡고 바를 아래로 천천히 내려준다. 바가 가슴의 2/3 지점에 왔을 때 바를 내려준다.

주의 바를 수평으로 올려주어야 하고 바를 내리거나 올렸을 때 바가 좌우로 흔들리지 않아야 한다.

2) 보조 웨이트 운동

기본 운동을 중점적으로 실시하고 난 다음 보조운동을 해준다. 마찬가지고 바벨로 운동을 하는 종목은 자세에 중점을 두고 연습이 되어야 한다.

(1) 런지(Lunge)

런지는 다리의 한쪽 부위를 집중적으로 단련시켜주기 때문에 하체의 밸런스를 유지할 수 있고 균형감각도 길러준다. 생각했던 것보다 스쿼트 보다 런지 자세가 더 어렵다. 특히 중량을 들고 하면 더 힘들다.

HOW TO
바를 뒤(승모근)에 위치하고 한쪽 발을 앞으로 내디디면서 무릎을 구부리고 반대쪽 다리는 펴준다. 그 상태에서 상체는 펴면서 앞, 뒤 다리를 동시에 같이 구부린다. 스쿼트와 마찬가지로 무릎이 발 앞꿈치를 벗어나지 않게 해야 한다.

주의 허리가 구부러지지 않게 한다.

(2) 벤트오버 바벨 로우(Bent-over Barbell Row)

쉽게 말해서 상체를 숙인 상태에서 허리를 펴고 바벨로 노를 젓는 운동을 말한다. 허리 근육이 강해지려면 복근도 강해야 하지만 허리 근육을 이어주는 등 근육도 강해야 한다. 등(광배근)을 단련 시키는 운동으로 광배근, 상완이두근, 전완근을 단련시키는 다중 관절 운동에 속한다.

HOW TO
다리를 어깨너비보다 약간 넓게 벌리고 바를 잡고 상체를 숙인 상태에서 허리는 펴준다. 바를 배꼽 부분까지 잡아당기고 이때 허리가 구부려지지 않아야 한다.

주의 상체를 숙였을 때 허리가 구부리지 않게 한다.

(3) 밀리터리 프레스(Military Press)

어깨를 단련 시켜주는 운동 중에서 기본이 되는 운동이다. 운동 목적에 따라서 머리 앞쪽에서 바를 들어 올리면 밀리터리 프레스 머리 뒤쪽에서 바를 들어 올리면 비하인드 넥이라고 한다. 강한 가슴을 살리기 위해서는 어깨 운동이 필요하다. 운동시 팔과 어깨를 이용하는 운동으로 삼각근, 승모근을 단련시켜주는 다중 관절 운동에 속한다.

HOW TO
다리는 어깨너비 정도 벌리고 바를 잡고 어깨선과 턱 선에 일치시키고 머리 위로 바를 올려주고 내린다.

주의 바를 올렸을 때 머리 앞쪽이나 뒤쪽으로 향하지 않도록 한다.

(4) 굿모닝(Good Morning)

굿모닝은 인사를 하듯이 하는 운동으로 등 하부 부위를 고립시키는 운동으로 허리 부위(척추기립근)을 단련시켜주는 단순관절 운동이다.

HOW TO
다리는 어깨너비로 벌린 상태에서 바는 목부분(승모근)에 위치하고 상체를 숙이면서 허리를 펴준다.

주의 상체를 숙였을 때 허리가 구부러지지 않게 한다.

(5) 바벨 컬(Barbell Curl)

상완 이두근을 단련하기 위해서 가장 기본적으로 하는 운동이다. 사이클에서는 그렇게 필요가 없는 근육인 것 같지만 핸들바를 지속적으로 지탱시키기 위해서는 이두근의 근육은 간접적으로 필요하다. 하나의 관절을 중심으로 부하를 주는 운동으로 단순관절 운동이다.

HOW TO
다리를 어깨너비로 선 상태에서 바를 잡고 허리를 편 상태에서 바벨을 어깨 높이까지 올려준다.

주의 반동을 주지 않고 서서히 올린다.

(6) 트라이셉스 익스텐션(Triceps Extension)

상완 삼두근을 단련시키는데 기본이 되는 운동이다. 이두근과 삼두근의 서로 상반되는 근육(협력근)이기 때문에 같이 단련이 되어야 한다. 하나의 관절을 주심으로 부하를 주는 운동으로 단순관절 운동이다.

HOW TO
다리를 어깨너비로 선 상태에서 바를 머리 뒤로 내렸다 서서히 올려준다.

주의 팔꿈치는 머리를 일직선이 되게 하고 바가 흔들리지 않게 한다.

9장
Chapter.9 Bike Safety

사이클 경기력 향상을 위한 트레이닝

01 서킷 트레이닝(Circuit Training)

서킷 트레이닝이란 8~10개의 종목을 일정한 횟수만큼 반복하거나 휴식 없이 바로 다음 동작으로 연결하는 순환 트레이닝 방법으로 근육 능력을 비롯해 모든 신체 요소들을 발달시키는데 효과적이다. 특히 전신 근력, 근지구력 및 심폐기능을 골고루 발달시킬 수 있다.

＊ 주의사항

· 개인에 맞는 프로그램을 설정한다.
· 각 개인의 최고 반복회수를 알아야 한다.
· 흥미를 잃지 않기 위해서는 다양한 프로그램을 설정한다.

1) 실시 종목

(1) 제자리 뛰기(Spot Jogging)

달리기도 운동이 되지만 제자리에서 뛰는 것도 전신 지구력에 도움이 되는 운동이다. 몸이 앞, 뒤로 흔들리지 않게 자세에 신경을 쓰게 되면 운동 효과가 크다.

HOW TO

제자리에서 가볍게 리듬감 있게 뛰어준다. 이때 어깨에 힘을 빼고 팔을 자연스럽게 흔들어 준다.

(2) 하버드 스텝(Harvard Step)

심폐기능을 측정하기 위해서 만들어진 운동으로 운동 후 빠른 회복을 심박수로 측정하게 되는데 하버드 스텝은 심폐지구력과 민첩성, 근지구력을 기르는데 도움이 된다.

HOW TO

가볍게 계단을 리듬감 있게 올라갔다 내려온다. 이때 넘어지지 않게 집중력 있게 실시해야 한다. 박자는 하나, 둘(하나)

(3) 버피 테스트(Burpee Test)

버피 테스트는 지옥의 운동이라고 칭하기도 하는데 그만큼 힘이 드는 동작으로 전신 지구력과 민첩성, 순발력을 단련시켜주는 도움이 되는 운동이다.

HOW TO
선 상태에서 바로 엎드리면서 리듬감 있게 다리를 뒤로 빼주면서 뒤로 젖혀 준다.

(4) 마운틴 클라이밍(Mountain Climbing)

산에 오른다는 뜻으로 엎드려서 다리를 교체하는 동작으로 버피 테스트와 같이 근력과 전신 지구력 향상에 도움이 되는 운동이다.

HOW TO
엎드린 상태에서 다리를 리드미컬하게 앞, 뒤로 엇갈려 준다.

(5) 점프 런지(Jump Lunge)

플라이오메트릭 운동으로 점프력 향상에 도움이 되는 운동으로 근력과 근지구력을 동시에 단련시켜주는 운동이다.

HOW TO
런지 자세에서 위로 점프하면서 리듬감 있게 다리를 교차해준다.

(6) 푸시업(Push-up)

　상체의 가슴을 단련 시켜주는 운동으로서 근력과 근지구력을 동시에 단련시켜 주는 운동이다.

HOW TO
엎드린 상태에서 리듬감 있게 팔굽혀 펴기를 해준다.

(7) V 업(V- up)

　복근을 단련시켜주는 운동으로 허리의 근력이 뒷받침되어야 효과적으로 기능을 발휘할 수 있다.

HOW TO
누운 상태에서 팔과 다리를 리듬감 있게 올려줘서 V자를 만든다.

(8) 싯 업(Sit- up)

　상체의 복근을 단련시켜주는 운동으로 우리 몸의 중심이 되는 복근이 단련되어야 허리에도 부담감이 없게 된다.

HOW TO
누운 상태에서 양쪽 무릎은 구부리고, 손은 머리 뒤로 살짝 갖다 대고 상체를 반동 없이 리듬감 있게 일으킨다.

02 머신 트레이닝(Machine Training)

사이클에서 웨이트 트레이닝은 숙달된 보디빌딩 선수와 같이 몸을 근육질로 만드는 것이 아니라 전체적인 신체의 조화를 이루기 위해서나, 부상을 예방하기 위해 필수적인 요소이다. 머신 트레이닝은 초보자에게 적합한 운동으로 누구나 부담 없이 사용할 수 있고 숙달된 보디빌더에게는 근육에 집중과 고립을 주기 위해 머신을 이용한다.

머신은 이동이 제한되어 있어 개인적으로 구입하기보다는 가까운 체육관을 이용하는 것이 바람직하다. 머신도 다른 운동과 마찬가지로 자세에 집중하면서 트레이닝이 되어야 효과가 크다.

* 머신 트레이닝의 장점
- 초보자나 선수들에게 효과적인 운동 자세를 취할 수 있다.
- 신체의 불균형한 자세를 교정할 수 있다.
- 중량에 부담감이 없다.
- 부상의 위험성이 적고 안정성이 높다.
- 경기력을 향상시킨다.

* 주의사항
- 반동을 주지 않는다.
- 운동 능력에 맞는 무게를 선택한다.

* 운동방법

웨이트 트레이닝은 운동방법에 따라서 두 가지 종류로 나누어진다. 사이클 경기도 장거리, 단거리 경기가 있듯이 가끔은 파워와 지구력을 동시에 기르는 훈련도 필요하다.

- 파워를 기르기 위해서는 중량을 무겁게 하고 반복 횟수를 적게 한다.
  ex) 50kg 중량으로 5회 실시
- 지구력을 기르기 위해서는 중량을 가볍게 하고 반복 횟수를 많이 한다.
  ex) 25kg 중량으로 20회 실시

* 호흡

스트레칭과 마찬가지로 웨이트 트레이닝 할 때도 호흡은 규칙적으로 자연스럽게 해주어야 한다.

- 운동 부하(무게)를 들어 올릴 때 호흡을 내쉰다.
- 운동 부하(무게)를 내릴 때 호흡을 들어 마신다.

1) 머신 운동의 종류

(1) 레그 익스텐션(Leg Extension) * 주동근: 대퇴사두근

앉은 상태에서 양쪽 다리를 들어 올려주는 운동으로 대퇴사두근을 집중적으로 고립시켜주는 단순관절운동이다. 모든 스포츠 경기에 필요한 달리기나 점프, 킥, 밀고, 당기는 동작들은 무릎관절의 신전에 중요한 부분으로 특히 사이클에서는 페달을 돌리거나 당길 때 비슷하게 근육의 움직임이 느껴질 것이다. 특히 이 운동은 무릎이 약하거나 부상당한 선수들에게 재활 치료로 많이 이용되고 있고, 한쪽 다리(원레그 익스텐션)로도 응용할 수도 있다.

HOW TO
- 기구에 앉아 엉덩이와 허리를 등받이에 최대한 밀착시킨다.
- 손잡이에 손을 잡고, 패드에 발목을 댄 상태로 다리가 수평이 될 때까지 들어 올린다.

주의 상체를 앞으로 구부정하게 숙여주면 허리에 부담이 간다.

(2) 레그 컬(Leg Curl) * 주동근: 햄스트링 * 협력근: 대둔근 비복근

앉거나 엎드린 상태에서 양쪽 다리를 들어 올려주는 운동으로 햄스트링을 집중적으로 고립시켜주는 단순관절운동이다. 스포츠 경기에서 갑자기 무리한 부하를 주어 달리게 되면 앞허벅지보다 뒤허벅지에 손상이 많이 가기 때문에 햄스트링을 강화해야 전체적인 근육의 균형과 조화를 이룰 수 있다. 사이클에서는 페달을 당길 때 비슷하게 움직임이 느껴질 것이다. 레그 익스텐션과 만찬가지로 한쪽 다리(원 레그컬)로도 응용할 수도 있다.

HOW TO
- 엎드린 상태에서 다리를 펴고 패드에 발뒤꿈치를 고정시킨다.
- 다리가 수직이 될 때까지 올린다.

주의 엎드린 상태에서 머리를 들어주게 되면 허리에 과신전 되어 부담이 간다.

(3) 레그 프레스(Leg Press) *주동근: 대퇴사두근 *협력근: 대둔근, 햄스트링

앉거나 약간 경사진 기구에서 누운 상태로 양쪽 다리를 밀어 주는 운동으로 대퇴사두근을 단련시켜주는 다중 관절운동이다. 이 운동은 스쿼트 자세와 비슷한 동작의 형태로 무릎관절과 고관절을 신전 시켜주는 모든 스포츠에서 다양하게 적용된다. 만약 스쿼트 자세가 어렵다고 느껴진다면 레그 프레스로 대처하는 방법도 좋다. 발판을 밟는 위치에 따라서 단련되는 근육의 움직임이 다르게 적용된다.

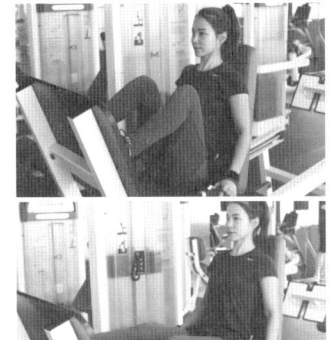

HOW TO
- 앉은 상태에서 등받이에 등을 최대한 밀착 시킨다.
- 발을 어깨너비로 벌리고 발판에 발을 고정시키고 밀어 준다.

주의 발바닥으로 밀어 줄 때 무릎이 완전히 펴지지 않도록 주의한다.

(4) 스텐딩 카프 레이즈(Standing Calf Raise) *주동근: 비복근 *협력근: 가자미근

기구에 어깨를 패드에 대고 발뒤꿈치를 올려주는 운동으로 종아리를 집중적으로 고립시켜주는 단순관절운동이다. 스포츠 경기에서는 달리고 점프하는 동작이 많은 스포츠에 적용이 되고 종아리 근육이 발달되면 추진력이 좋아져 신체에 전체적인 균형을 이루는데 도움이 된다. 사이클에서는 페달을 누르고 당길 때 회전력을 효과적으로 돌리는데 영향을 준다. 한쪽 발로 (원 레그 카프레이즈)도 응용할 수도 있다.

HOW TO
- 기구에 어깨에 패드를 대고 선다.
- 지지대에 앞꿈치를 대고 발뒤꿈치를 올려준다.

주의 허리와 무릎이 구부러지지 않게 한다.

(5) 벤치 프레스(Bench Press) * 주동근: 대흉근 * 협력근: 삼각근, 삼두근

누운 상태에서 양쪽 팔을 위로 밀어주는 운동으로 가슴의 대흉근을 집중적으로 단련시켜 주는 다중 관절운동이다. 모든 스포츠 경기에 팔을 밀거나 뻗을 때 적용되고 있고 스쿼트 운동이 하체의 기본이라면 벤치 프레스는 상체 운동의 기본운동이다. 사이클 주행 자세와 비슷하기에 잘 단련되어야 한다.

HOW TO
- 누운 상태에서 바를 어깨너비보다 넓게 잡고 올린다.
- 바를 가슴에 내렸을 때 어깨가 수평이 된 상태가 되어야 한다.

주의 허리가 벤치에 밀착되지 않아야 한다.

(6) 딥(Dip) * 주동근: 대흉근 * 협력근: 삼두근, 삼각근

팔로 상체를 고정시켜 팔을 구부렸다 폈다 하는 운동으로 평행봉에서 뒤로 팔굽혀펴기 동작으로 풀업과 같이 힘이 드는 운동이다. 보통 어깨의 삼각근 운동으로 알고 있으나 자세에 따라서 가슴 및 어깨 부위를 주로 강화시키는 운동으로 어깨의 유연성을 향상시키는데도 도움이 된다. 사이클에서도 전력 질주하는데 도움이 되는 근육이다.

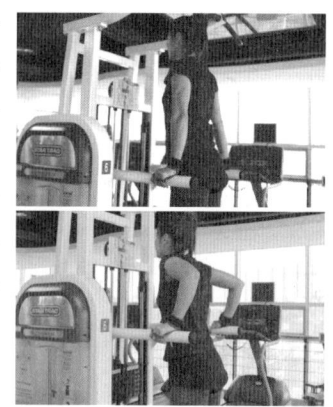

HOW TO
- 손잡이를 잡고 상체를 펴주고 다리는 뒤로 교차해 준다.
- 상체를 내려주면서 팔을 굽혔다 펴준다.

주의 어깨에 무리가 있으면 하지 않는다.

(7) 숄더 프레스(Shoulder Press) * 주동근: 전면, 측면 삼각근 * 협력근: 삼두근

앉은 상태에서 양쪽 팔을 위로 밀어주는 운동으로 어깨의 삼각근을 집중적으로 단련시켜주는 다중 관절운동이다. 스포츠에서는 역도와 같이 중량을 들어 올릴 때 비슷한 동작으로 수영의 스트로크나 기타 동작에도 중요한 역할을 한다. 사이클에서는 안정적인 자세를 취할 때 도움이 된다.

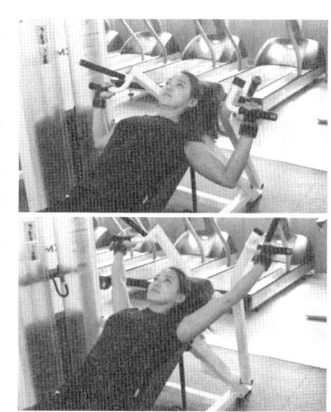

HOW TO
· 기구에 앉은 상태에서 바를 잡는다.
· 어깨너비보다 넓게 잡고 바를 올렸다 내려준다.

주의 팔꿈치가 너무 앞쪽이나 뒤쪽으로 빠지지 않게 해준다.

(8) 시티드 로우(Seated Row) * 주동근: 광배근 * 협력근: 이두근, 승모근

다리를 약간 구부리고 앉은 상태에서 상체를 펴고 팔을 당기는 운동으로 등의 광배근을 단련시켜주는 다중 관절운동이다. 스포츠 경기에서는 카누의 노젓기나 수영의 마지막 엔트리 등 펴거나 당기는 동작 등, 등을 움직이는 모든 스포츠에 적용된다. 사이클에서 엉덩이를 들고 하는 댄싱이나 결승선에서 전력질주할 때 핸들을 잡아당기는 것과 비슷한 동작이다.

HOW TO
· 앉은 상태에서 가슴을 밀착시킨다.
· 바를 잡고 당긴다.

주의 운동시 무릎이 굽힌 자세를 유지해야 한다.

(9) 랫 풀 다운(Lat Pull-Down) * 주동근: 광배근   * 협력근: 삼각근, 이두근, 승모근

앉은 상태에서 상체를 펴고 팔을 대각선 방향으로 잡아당기는 운동으로 등의 광배근을 단련시켜주는 다중 관절운동이다. 이 운동은 시티드 로우와 풀업의 동작으로 중간 단계의 변형 운동으로 턱걸이가 약한 초보자들과 선수들에게 적합한 운동으로 사이클에서 상체를 숙이고 오랫동안 페달을 돌리기에 등과 허리가 상대한 긴장이 되기에 시즌 전에 충분히 단련을 해주어야 한다.

HOW TO
· 의자에 앉은 상태에서 바를 어깨너비보다 넓게 잡는다.
· 바를 잡아당기면서 허리를 약간 뒤로 젖혀준다.

주의 팔운동이 아니라 등 운동이라는 걸 명심하자.

(10) 풀 업 (Pull-Up) * 주동근: 광배근   * 협력근: 삼각근, 이두근, 승모근

턱걸이하듯이 몸을 끌어당기는 운동으로 등의 광배근을 단련시켜주는 다중 관절운동이다. 등의 근육을 강화하는데 기본적인 운동이지만 숙달된 선수들도 몇 번 밖에 못한다. 모든 스포츠에서 상체의 근력 단련과 근지구력, 끈기와 근성이 필요한 운동으로 사이클에서도 전력 질주하는데 도움이 되는 근육이다.

HOW TO
· 친업바에 매달린다.
· 무릎은 구부리면서 올려준다.

주의 몸통이 흔들리지 않게 한다.

(11) 행잉 니 레그 레이즈(Hanging Knee Leg Raise)
  * 주동근:복직근 하부   * 협력근: 외복사근, 내복사근

레그 레이즈의 변형 동작으로 친업바에 매달려 무릎을 구부려 올려주는 운동으로 하복근을 단련시켜주는 운동이다. 모든 스포츠에서 적용되는 동작으로 사이클에서는 장시간 허리를 숙이게 되면 허리에 부담이 많이 가기에 이 운동은 상체를 펴주는 스트레칭 효과로 척추에 대한 압박과 부담을 줄이는 운동으로 등 하부에 균형을 유지하도록 해주고 그립을 잡고 하기에 악력에도 도움이 된다.

HOW TO
· 친업바에 매달린다.
· 무릎은 구부리면서 올려준다.

주의 ❗ 몸통이 흔들리지 않게 한다.

(12) 백 익스텐션(Back Extension) *주동근: 척추기립근 *협력근: 대둔근, 햄스트링

로망체어 머신에서 하체를 지탱하고 허리를 올려 주는 운동으로 모든 스포츠에서 경기력을 극대화하기 위해서나 부상을 예방하기 위해 필요한 운동이다. 사이클에서는 장시간 허리를 굽혀서 타기에 허리에 부담이 가기 때문에 경기력에 밀접한 영향을 미치기 때문에 단련되어야 한다.

HOW TO
· 엎드린 상태에서 발을 패드에 고정시킨다.
· 상체를 숙이고 천천히 상체를 올려준다.

주의 ❗ 상체를 지나치게 높게 올리지 않도록 한다.

03 크로스 트레이닝(Cross Training)

크로스 트레이닝이란? 한가지 운동보다는 다양한 트레이닝을 통해서 신체를 발달시키는 운동이다. 운동의 주된 형태에 또 다른 신체적 활동을 부가하여 실시하는 트레이닝 방법이다.

크로스 트레이닝은 자연스럽게 운동 과정에 균형을 주고 상해를 감소시킬 뿐 아니라, 전반적인 체력 향상에 크게 기여하여 신체에 균형을 가져다준다. 프로그램 작성시 활동의 결합은 적어도 한 가지의 유산소적으로 수행할 수 있는 활동을 포함시켜야 한다.

트라이애슬론에서 크로스 트레이닝은 그 자체가 크로스 트레이닝 훈련이다. 달리기를 하지 않는 날은 크로스 트레이닝으로 컨디션을 조절하면서 자세를 보완해준다. 계속되는 훈련으로 지루해질 수가 있다. 그러나 어떤 형태로 크로스 트레이닝이 사이클의 완벽한 대체 운동이 될 수는 없고 보완적으로 해야 한다. 자신의 일반적인 유산소 트레이닝의 한 부분으로 인식해야 한다.

크로스 트레이닝의 종류

- **수중 걷기 및 달리기**
  달리기의 근육을 풀어주기 위한 최상의 운동은 달리기에 사용되는 다리 근육을 자극하는 것이다. 수중 걷기와 달리기는 가장 효과적인 운동이다.

- **사이클 or MTB**
  사이클 선수라면 시즌 후에는 MTB로 산악을 오르내리면서 지구력과 조정 능력을 기를 수 있는 훈련도 필요하다. MTB 선수도 스피드 향상을 위해서 사이클로 스피드 훈련을 할 수 있다. 종목의 장점을 최대한 활용하여 훈련하는 것도 좋은 방안의 하나이다.

- **인라인 스케이트**
  인라인 스케이트는 사이클 근육과 움직임이 비슷하기 때문에 선수들은 휴식기에서 적절하게 실내나 야외 운동으로 대처할 수 있다.

- **조정 또는 카약**
  물 위에서 도구를 이용하는 운동은 신체의 모든 부분을 사용하게 되는 유익한 운동이다. 실내에서도 노를 젓는 원리를 단련하는 기구도 있다.

04 심박수 트레이닝(Heart Rate Training)

달리기의 붐이 한창 일어나던 시절 일반 선수들은 매주 마라톤 대회에 참가를 하게 된다. 그리고 무리할 정도로 서브-3에 목숨을 건다. 그러다가 아쉽게도 저세상으로 가게 되는 경우를 종종 뉴스를 통해서 들을 수 있었다. 물론 연습을 열심히 한 상태에서 기록에 대해서 신경 쓰면 좋은데 신체에 무리 갈 정도로 운동을 하다가 오버 트레이닝을 하는 것을 볼 수가 있다. 2002년 월드컵 대회 때도 히딩크 감독이 파워 트레이닝을 시키면서 빠른 회복하기 위해서 심박수 이용한 트레이닝을 시키기도 하였다.

투르 드 프랑스에서 7연패 한 미국의 랜스 암스트롱 선수도 심박계를 이용하여 페이스와 운동 강도를 조절하였다. 이제는 사이클 트레이닝도 과학적이고 근거가 있는 트레이닝이 되어야 한다. 무모하게 운동을 하다가 오히려 건강에 해를 끼치는 일은 없도록 해야 한다. 사이클을 오래 즐겁게 타기 위해서는 개인에게 맞는 운동 강도가 설정되어야 한다.

보통 초보자들은 사이클과 액세서리(장비)를 구입하기에도 부담이 되기 때문에 심박계를 이용하는 것은 아직은 시기 상조라 하겠다. 어느 정도 기본 체력이 완성되고 일정하게 훈련이 이루어진 상태에서 좀 더 체계적인 훈련이 필요할 때 구입하는 것이 좋겠다. 심박계의 가격은 제품에 따라서 차이가 나지만 보통 30 ~ 70만 원 하기에 부담이 된다. 그러나 심박계를 구입한 동호인들의 일부분은 심박계의 역할보다는 시계로서의 기능만 사용하는 경우가 많기 때문에 구입을 할 때 심사숙고해야 한다.

* 심박수 트레이닝의 장점
- 운동 강도를 설정할 수 있다.
- 컨디션을 체크할 수 있다.
- 페이스를 유지할 수 있다.
- 안전하게 훈련할 수 있다.

* 심박수 트레이닝의 단점
- 반보통 시계에 비해서 가격이 비싸다.
- 매뉴얼이 복잡하게 되어있다.
- 꾸준하게 기록해야 효과를 볼 수 있다.

* 심박수가 올라갈 경우
- 트레이닝 운동 강도가 높았을 때
- 감기나 심리적인 요인으로 스트레스를 받았을 때
- 충분한 휴식을 취하지 못했을 때

1) 심박수란?

심장이 뛰는 박동 수를 말한다. 보통 1분 동안 측정해서 심장박동수를 나타낸다. 일반 성인은 보통 안정시 심박수가 70 ~ 80회/분 정도 되지만 운동선수들은 40회/분 정도 되는 경우도 있다.

심박수가 동물의 수명에 관해서 연구된 것도 있는데 심박수가 적게 뛰는 동물은 오래 살고 심박수가 많이 뛰는 동물은 일찍 죽는다고 나온 예도 있고, 심박수가 사람의 경우에는 오래 사는 건 아직까지도 불투명하겠지만 건강할수록 심박수가 감소한다고 보고가 되었다. 결론은 심박수가 적을수록 심장의 부담을 적게 주면서 운동 효과를 높일 수 있다고 할 수 있다.

일반적으로 심박수를 측정하는 방법으로는 손목 부위의 요골동맥이나 목 주변의 경동맥 부위를 10초간 측정하여 6을 곱하면 1분간 심박수가 된다. 그러나 이러한 방법은 불편하기 때문에 심박계를 사용한다.

심박수를 측정하는 방법

요골동맥을 측정한 방법	경동맥을 측정한 방법	심박계를 이용한 방법

운동 종목에 따라서 최대 심박수의 변화

운동 종목에 따라서 최대 심박수가 동일하게 나타는 것은 아니라 운동의 자세나 운동 강도 및 근육의 사용량에 따라서 영향을 받게 된다.

2) 안정시 심박수 구하기

안정시 심박수를 측정하기 위해서는 가장 좋은 방법은 아침에 일어나기 이전에 누운 상태에서 편한 마음으로 1분 동안 휴식을 취하고 30초를 측정해서 2를 곱하면 되면 안정시 심박수가 나온다. 이렇게 1주일간 매일 측정하게 되면 심박수의 평균값이 나오게 되는데 안정시 심박수는 개인의 체력수준을 나타내는 기준이 된다.

체력이 좋을수록 심박수는 적게 나타나게 된다. 만약 심박수가 평균에서 더 높아졌다면 전날 트레이닝이 무리가 가거나 오버 트레이닝이 되었거나 컨디션이 좋지 않을 것이다. 그렇기 때문에 심박수로 그날의 컨디션을 미리 알 수가 있어 효과적으로 운동을 할 수 있다.

3) 최대 심박수 구하기

최대 심박수는 1분간 심장이 최대로 뛸 수 있는 수치로 이러한 방법을 측정하기 위해서는 위험이 따르기 때문에 여러 가지 방법이 사용된다.

(1) 가장 일반적인 방법

일반적으로 사용되고 있는 공식은 220에서 본인의 나이를 빼는 경우이다. 그러나 이것은 오차가 있기 때문에 전문 엘리트 선수들은 잘 활용하지 않고 있다.

ex) 220 – 나이 / 220 – 40 = 180 (최대 심박수)

(2) 운동 부하검사

이 방법은 병원이나 체력검사실에서 하는 방법으로 과학적이고 효과적인 방법이지만 번거롭고 비용이 많이 들어가 일반인들에게는 익숙하지 않다.

(3) 심박계를 이용한 FiT – Test

폴라 시스템을 이용해서 최대 심박수를 구하는 방법으로 현장에서 간편하게 사용할 수 있다. 우선 개인의 키와 몸무게, 생년월일, 성별, 활동 정도(Low, Middle, High), 일반적인 최대 심박수 입력을 한 다음 Fit 창이 나오게 되면 송신기를 가슴에 차고 편안히 누워서 검사를 하게 되면 최대 심박수가 나오게 된다.

4) 목표 심박수 구하기

안정시 심박수와 최대 심박수를 구했다면 이제는 목표 심박수에 대해서 알아보도록 하자. 운동 강도를 알기 위해서는 운동 목표 구간을 정해야 하는데 목표 구간은 최저와 최고의 심박수로 나타낸다. (아래 표 참고)

ex) 40살의 남자가 심폐지구력을 향상시키기 최소 70%와 최대 85%의 운동 강도가 필요하다면
* 최소 (220 − 40) × 0.7 = 126   * 최대 (220 − 40) × 0.85 = 153
즉, 운동시 **심박수가 126 ~ 153이 유지되어야 심폐지구력이 증가**되어 경기력을 향상시키게 된다.

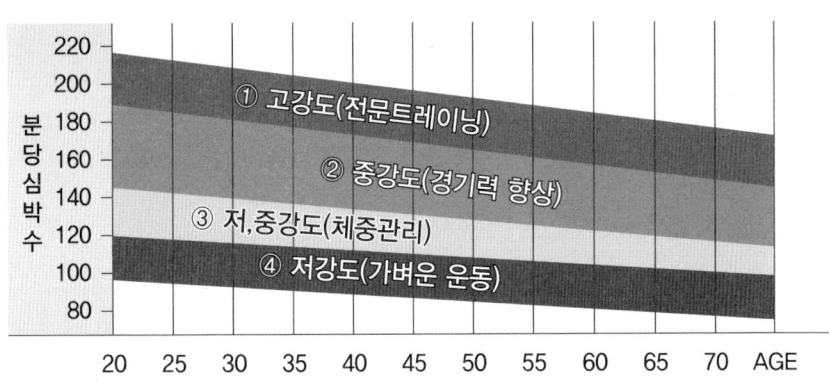

나이에 따른 심박존 변화

목표 심박수 계산법

운동목적	운동강도	영역
전문트레이닝	고강도 85-100%	①번영역
심폐지구력 향상	중강도 70-85%	②번영역
체중감량	저.중강도 60-70%	③번영역
운동초보자	저강도 50-60%	④번영역

4) 목표 심박수 구하기

(1) 초보자용

일반적으로 사용되고 있는 공식은 220에서 본인의 나이를 빼는 경우이다. 그러나 이것은 오차가 있기 때문에 전문 엘리트 선수들은 잘 활용하지 않고 있다.

ex) 220 − 나이 / 220 − 40 = 180 (최대 심박수)

(2) 체중관리

저, 중강도 트레이닝으로 최대 심박수가 60% ~ 70%의 운동 범위로 주 에너지가 지방으로 사용되는 강도이기 때문에 체중을 관리하는 사람들에게 적합한 운동 강도이다.

(3) 심폐 지구력 향상

중강도 트레이닝으로 최대 심박수가 70 ~ 80%의 운동 범위로 심폐지구력을 향상시켜주는 강도이기 때문에 경기력과 체력을 향상시키기 위해서는 이 범위 안에서 트레이닝이 되어야 한다.

(4) 전문 선수

고강도 트레이닝으로 최대 심박수가 85 ~ 100%의 운동 범위로 가장 높은 트레이닝의 범위이다. 전문 선수들에게 경기력을 향상시키기 위해서 한계점(역치/Threshold)에 도달하게 되는데 이러한 능력을 견디면서 적응할 수 있도록 트레이닝 되어야 한다.

트레이닝의 3요소는 운동 강도, 운동 빈도, 운동시간으로 나누게 되는데 심박수는 운동의 강도에 따라서 개인이 추구하는 운동효과를 얻을 수 있다. 그렇지만 항상 오버 트레이닝이 되지 않게 주의해야 한다.

심박계의 종류

종 류	구 분		용 도
시계형 V800	수신기	트렌스미터(송신기)	러닝, 마라톤, 철인3종용 러닝 스피드, 페이스, 거리 측정 등
속도계형 M450	수신기 본체	카덴스	사이클 전용 사이클 평균, 최고, 속도 카덴스 등 측정

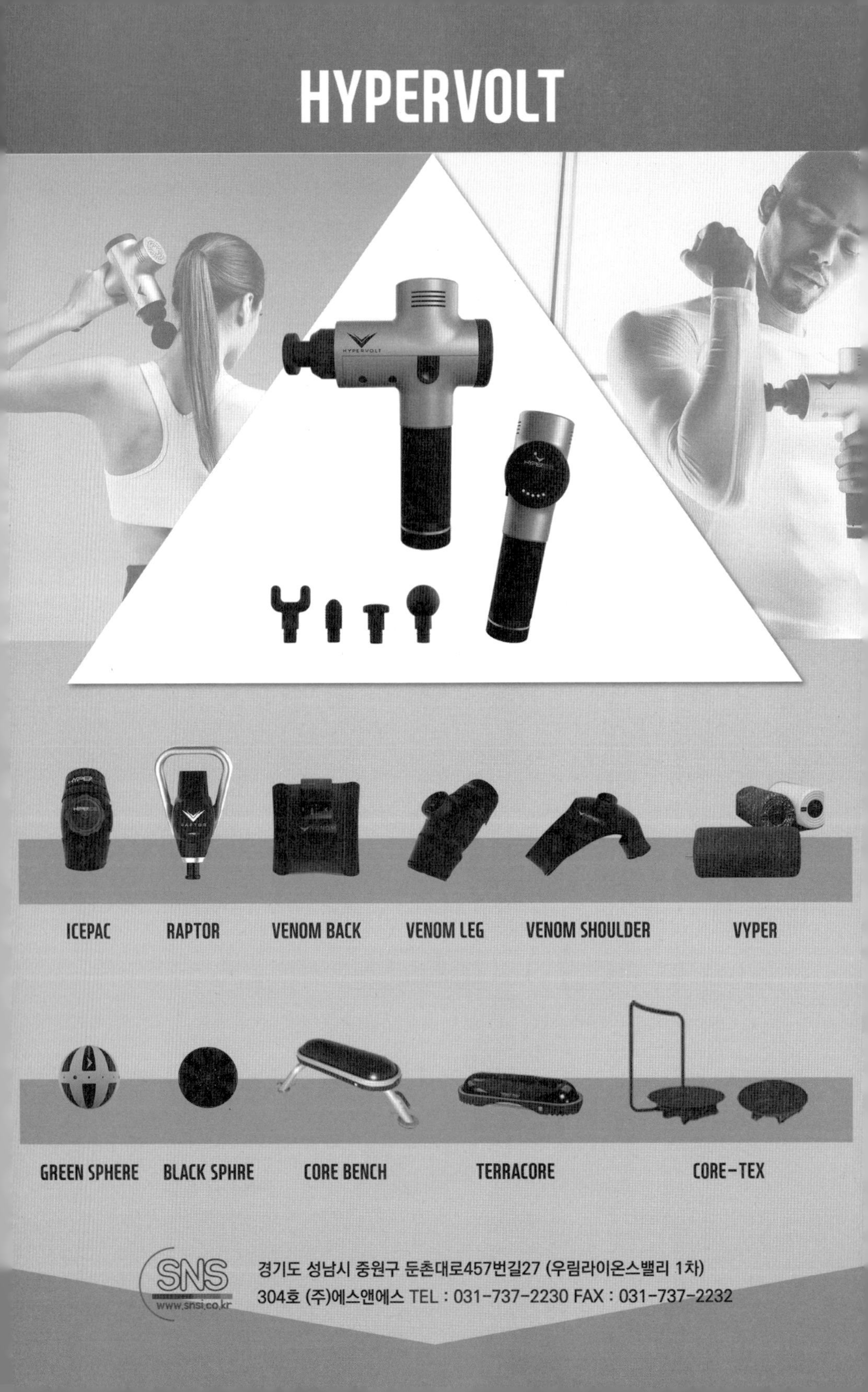

HYPERVOLT

		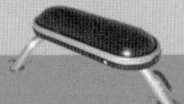				
ICEPAC	RAPTOR	VENOM BACK	VENOM LEG	VENOM SHOULDER		VYPER
GREEN SPHERE	BLACK SPHRE	CORE BENCH		TERRACORE		CORE-TEX

경기도 성남시 중원구 둔촌대로457번길27 (우림라이온스밸리 1차)
304호 (주)에스앤에스 TEL : 031-737-2230 FAX : 031-737-2232

10장 Chapter.10 Bike Safety

사이클 재활 트레이닝

01 튜빙 트레이닝(Tubing Training)

고무의 탄력을 이용하여 하는 트레이닝으로 일명 스트레칭 코즈라 한다. 튜빙도 PNF 스트레칭처럼 병원이나 의료 현장에서 재활을 목적으로 사용하다가 선진국을 중심으로 운동의 효과가 과학적으로 인정받아 최근 트레이닝과 다이어트, 체력단련 등의 운동의 용도로 널리 이용되고 있다.

* 장 점

· 모든 방향에서 운동 부하가 가능하다.
· 운동 강도에 따라서 가볍게 무겁게 조절할 수 있다.
· 언제 어디서나 휴대하기 편리하고 안전하게 할 수 있다.
· 가격이 저렴하다.

1) 튜빙 트레이닝의 종류

(1) 어깨 돌려주기(Arm Circle)

어깨 관절을 유연하게 하는 운동으로써 특히 수영 선수들이 스트로크를 부드럽게 하기 위해서 많이 사용하는 동작으로 일반인들도 꾸준히 하게 되면 어깨에 오십견도 예방할 수 있는 운동이다. 처음에는 넓게 잡고 하다가 숙달되면 간격을 조금씩 줄이면서 하게 되면 효과가 크다.

HOW TO

· 튜빙을 어깨너비로 잡아주고 위로 올려주면서 어깨 뒤쪽으로 내려준다.
· 너무 무리하게 돌리면 어깨에 무리가 갈수 있으니 개인의 신체에 따라서 돌려준다.

(2) 다리 올려주기(Leg Raise)

장거리 사이클을 하면 다리가 쉽게 피로해지고 근육이 뻣뻣한 느낌이 드는데 휴식시에 편안하게 회복을 하면서 스트레칭을 하게 되면 효과가 있고 빠르게 회복이 된다.

HOW TO
- 튜빙을 한쪽 발바닥에 걸쳐주면서 천천히 누워준다.
- 누운 상태에서 최대한 다리를 스트레칭 시켜준다.

(3) 스쿼트(Squat)

하체 전체를 집중적으로 단련시켜주는 운동으로 중량을 이용해서 하는 것보다는 고무의 탄력을 이용해서 하는 것이 근육에 무리가 가지 않고 편안히 할 수가 있다.

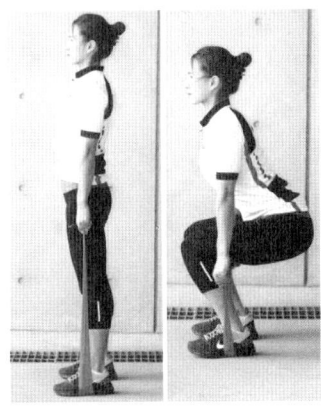

HOW TO
- 다리를 어깨너비로 벌려주고 튜빙을 잡는다.
- 앉으면서 튜빙을 잡아주면서 일어난다.

(4) 프런트 레이즈(Front Raise)

어깨 정면 삼각근을 단련시켜주는 운동으로 어깨의 근육을 지탱시키는 삼각근은 지속적인 핸들을 잡는데 도움이 된다.

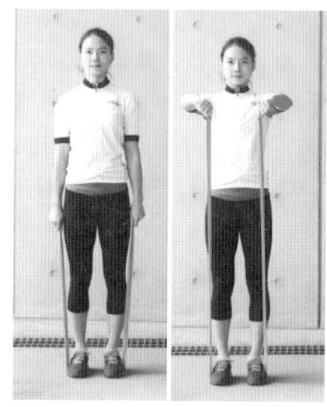

HOW TO
- 튜빙을 잡고 다리는 어깨너비로 벌려준다.
- 튜빙을 어깨 정면까지 올려주면서 손목을 약간 비틀어 준다.

(5) 사이즈 레이즈(Side Raise)

어깨 측면 근육을 단련시켜주는 운동으로 어깨의 근육을 지탱시키는 삼각근은 지속적인 핸들을 잡는데 도움이 된다.

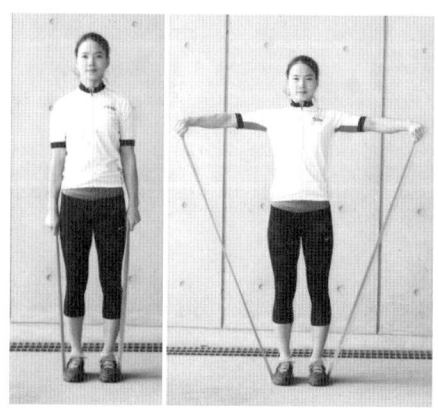

HOW TO
- 튜빙을 잡고 어깨너비로 벌린다.
- 튜빙을 어깨 수평 정도까지 올렸다 내린다.

(6) 업라이트 로우(Upright Row)

어깨 측면 근육을 단련시켜주는 운동으로 어깨의 근육을 지탱시키는 삼각근은 지속적인 핸들을 잡는데 도움이 된다.

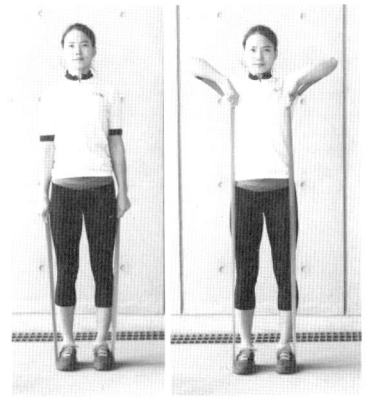

HOW TO
- 튜빙을 잡고 어깨너비로 벌린다.
- 튜빙을 잡고 팔꿈치가 위로 가게 올렸다 내려준다.

(7) 밀리터리 프레스(Military Press)

어깨 근육을 단련시켜주는 운동으로 어깨의 근육을 지탱시키는 삼각근은 지속적인 핸들을 잡는데 도움이 된다.

HOW TO
- 팔꿈치를 구부려서 튜빙을 잡아준다.
- 튜빙을 머리 위로 올렸다 내려준다.

(8) 백 레이즈(Back Raise)

어깨의 뒤쪽 근육을 단련시켜주는 운동으로 어깨의 근육을 지탱시키는 삼각근은 지속적인 핸들을 잡는데 도움이 된다.

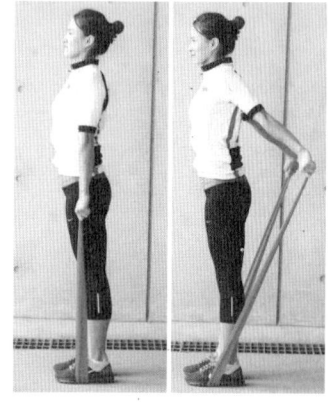

HOW TO
- 뒤쪽에서 튜빙을 잡고 어깨 가동 범위까지 올렸다 내려준다.

(9) 쉬러그(Shrug)

목 뒤쪽의 승모근을 단련시켜주는 운동으로 오랫동안 상체를 숙인 상태에서 시선을 정면에 두게 되면 목이 뻐근함을 느끼게 되는데 목을 단련시키는 이상적인 운동이다.

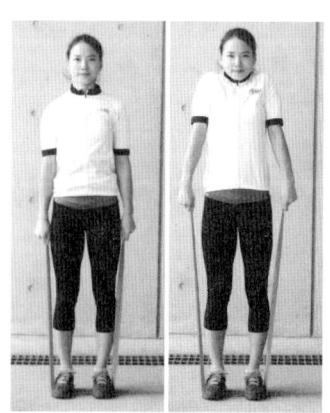

HOW TO
- 다리를 어깨너비로 벌려서 튜빙을 잡고 선다.
- 어깨를 귀까지 올려주면서 내려준다.

(10) 암 컬(Arm Curl)

선 상태에서 팔의 이두근을 단련시켜주는 운동으로 핸들 포지션 지탱에 도움을 준다.

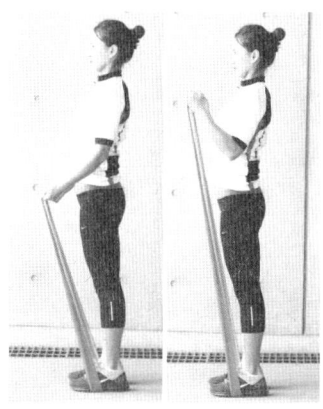

HOW TO
- 튜빙을 잡고 어깨너비로 벌려준다.
- 튜빙을 가슴 쪽으로 끌어당기면서 내려준다.

(11) 트라이셉스 푸시다운(Triceps Pushdown)

선 상태에서 팔의 삼두근을 단련시켜주는 운동으로 핸들 포지션 지탱에 도움을 준다.

HOW TO
- 튜빙을 잡고 어깨너비로 벌려준다.
- 튜빙을 잡고 위에서 아래쪽으로 팔이 펴질 때까지 당기면서 올려준다.

(12) 시티드 로우(Seated Row)

앉은 상태에서 등의 광배근을 단련시켜주는 운동으로 상체를 굽히는 운동은 등 근육을 단련시켜야 근육이 지탱을 시켜준다.

HOW TO
- 앉은 상태에서 튜빙을 잡아준다.
- 무릎을 약간 구부린 상태에서 튜빙을 잡아 당겨준다.

(13) 사이드 레그 레이즈(Side Leg Raise)

옆으로 누운 상태에서 다리의 측면 근육을 단련시켜주는 하체의 측면 근육의 밸런스에 도움을 주는 운동이다.

HOW TO
- 옆으로 누운 상태에서 튜빙을 다리에 걸쳐준다.
- 다리를 측면으로 올렸다 내려준다.

(14) 레그 레이즈(Leg Raise)

누운 상태에서 배의 하복근의 단련시켜주는 운동으로 오랫동안 사이클에서 상체를 숙이는 종목의 특성상 허리 근육의 상반되는 길항근인 하복근이 단련되어야 한다.

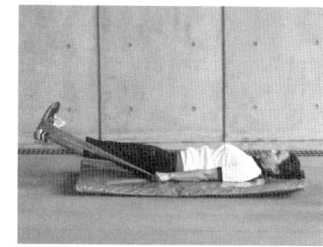

HOW TO

- 누운 상태에서 발에 튜빙을 걸치고 손으로 튜빙을 잡아준다.
- 천천히 다리를 올려주면서 내려준다.

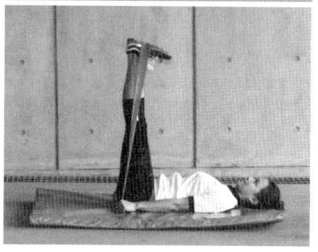

02 짐볼 트레이닝(Gym boll Training)

짐볼은 튜빙과 같이 고무(공)의 탄력을 이용해서 하는 훈련으로 피트볼, 다이어트 볼, 탱탱 볼이라고도 다양하게 불린다. 현재 선진국에서 인기 있게 사용되고 있고, 특히 외국의 유명한 배우들이 몸매를 가꾸기 위해서 많이 이용을 하고 있고 부상당한 환자들의 재활을 위해서 사용되고 있다.

* 짐볼의 특징은

· 누구나 쉽고 안전하게 할 수 있다.   · 균형감각을 키워주고 잘못된 자세를 교정할 수 있다.
· 운동 범위가 다양하고 효과적이다.   · 공의 탄력을 이용하여 재미있게 운동할 수 있다.

● 1) 짐볼 트레이닝의 종류

(1) 앉기

운동이라고 생각하지 말고 평상시에도 의자 대신 짐볼을 이용해서 앉아보자. 의자보다도 탄력이 있고 엉덩이 부분에 골고루 적용되기에 자세를 곧게 펴주게 되면 자연스럽게 척추를 펴주어 자세 교정에 도움이 된다.

HOW TO
· 앉은 상태에서 어깨너비만큼 벌리고 균형을 잡고 상체를 곧게 펴준다.

(2) 눕기

사이클 자세는 등과 허리에 부담이 가는 운동이라 편하게 등을 이완시키는 자세이다. 굽은 등에도 효과가 있다.

HOW TO
· 누운 상태에서 무릎을 구부려준다. 균형을 잡으면서 등을 이완시켜준다.

(3) 허리 젖히기

사이클 자세는 등과 허리에 부담이 가는 운동이라 편하게 허리를 이완시키는 자세이다. 허리를 편안하게 해준다.

HOW TO
- 누운 상태에서 팔을 뻗어주면서 상체를 뒤로 젖혀준다. 마찬가지로 균형을 잘 잡아준다. 척추를 펴주는 스트레칭이다.

(4) 껴안기

사이클에서 긴장된 등을 편하게 이완시켜 빠르게 회복시키는 운동으로 자세도 좋아진다.

HOW TO
- 엎드린 상태에서 무릎을 구부려주면서 균형을 잡으면서 짐볼을 껴안아준다.

(5) 엎드려서 팔다리 올려주기

사이클에서 긴장된 팔, 목, 등, 허리, 다리에 근육을 단련시키고 균형감각에도 도움이 되는 운동이다.

HOW TO
- 엎드린 상태에서 균형을 잡고 한쪽 팔을 들으면서 반대쪽 다리를 동시에 올려준다.

(6) 브릿지

사이클 자세는 등과 허리에 부담이 가는 운동이라 편하게 허리를 이완시키는 자세이다. 허리를 편안하게 해준다.

HOW TO
- 누운 상태에서 무릎을 구부려준다. 균형을 잘 못 잡으면 넘어질 수 있으니 주의한다.

(7) 스쿼트

허리나 무릎이 좋지 않은 선수들은 스쿼트를 할 때 부담이 된다. 짐볼을 이용해서 하게 되면 자세도 잘 나올 뿐 아니라 체력 단련에 도움이 된다.

HOW TO
- 벽에 짐볼을 기대고 천천히 앉아주고 일어난다.

(8) 크런치

상복근을 단련시켜주는 운동으로 사이클에서 복근을 허리를 지탱시키기 위해서 또 페달을 돌릴 때에도 필요한 동작들이다.

HOW TO
- 누운 상태에서 다리를 짐볼 위에 올려준다. 반동을 주지 말고 상복근이 집중되게 천천히 상체를 올린다.

(9) 레그 레이즈

하복근을 단련시켜주는 운동으로 사이클에서 복근을 허리를 지탱 시키기 위해서 또 페달을 돌릴 때에도 필요한 동작들이다.

HOW TO
· 누운 상태에서 양쪽 발로 짐볼을 밀착시켜 짐볼을 천천히 올렸다 내려준다.

(10) 싯업

복근 전체를 단련시켜주는 운동으로 사이클에서 복근을 허리를 지탱 시키기 위해서 또 페달을 돌릴 때에도 필요한 동작들이다.

HOW TO
· 짐볼에 누운 상태에서 복근이 집중되게 상체를 일으켜 준다. 이때 균형을 잘 잡아준다.

(11) 백 익스텐션

로망체어 머신 보다 편하기 때문에 허리에 무리가 가지 않고 실시할 수 있다. 이 근육이 단련되지 않으면 사이클에서 허리를 숙여야 하는 동작에 고통이 따르게 됨으로 충분한 스트레칭과 근력운동이 수반되어야 한다.

HOW TO
· 짐볼에 엎드린 상태에서 허리를 올려준다.

(12) 푸시업

상체를 단련시켜주는 운동으로 사이클에서 가슴의 역할도 중요하기에 지속적으로 단련이 되어야 한다.

HOW TO
· 짐볼에 다리를 걸치게 한 상태에서 팔굽혀 펴기를 해준다.

03 아쿠아 트레이닝(Aqua Training)

1) 수중운동

수영장에서 무조건 수영을 하기보다는 수영을 하기 전에도 가볍게 워밍업을 해주어야 한다. 또 부상에서 회복하기 위해서 재활운동으로 물속에서 할 수 있는 보강운동도 필요하다. 그 대표적인 것이 아쿠아로빅이다. 물의 특성을 이용하면 근육과 관절에 무리 없이 안전하고 효과적으로 몸을 단련시킬 수 있다. 그리고 똑같은 연습만 한다면 싫증이 나기 때문에 수중에서 할 수 있는 운동을 하는 것도 컨디션을 위해서도 좋을 것이다.

(1) 뛰기

HOW TO
자연스럽게 어깨에 힘을 빼고 육상에서 뛰는 것처럼 물속에서 뛰어준다.

(2) 뒤로 뛰기

HOW TO
물속에서는 부력이 생기기 때문에 뒤로 뛰는 것은 앞으로 뛰는 것보다 자연스럽지 못하다. 자연스러운 동작이 될 때까지 연습이 되어야 한다.

(3) 점프

HOW TO
상체를 편 상태에서 손은 차렷 자세를 해주고 위로 점프를 한다. 이때 발 앞꿈치로 착지를 하고, 착지 시 양쪽 발바닥이 동시에 착지가 되도록 한다.

(4) 스쿼트 점프

HOW TO
물속에서 앉은 상태에서 양손은 옆으로 벌려주고 무릎을 펴주면서 점프를 한다. 최대한 높게 점프가 되도록 한다.

04 기타 트레이닝

(1) 러닝머신

러닝머신은 헬스장에서 가장 많이 이용하고 있는 기구이다. 특히 비가 오거나 겨울철에 야외에서 훈련을 하기 어려울 때는 요긴하게 이용할 수 있는 장비이다. 역시 무작정 이용을 하는 것보다는 훈련 스케줄에 의해서 훈련을 하는 것이 바람직하다.

> 초보자들은 착지자세를 교정하거나 기초체력을 기르기 위해서 러닝머신에서 훈련을 하는 게 좋다. 그렇지만 러닝머신에 너무 의존하게 되면 달리기 페이스가 떨어지게 된다.

(2) 사이클 머신(스피닝)

처음 스피닝은 1987년 남아프리카공화국 출신의 철인 3종경기 선수인 조나던 골드버그란 선수에 의해 개발되어 미국 대륙 사이클 횡단을 앞두고 실내에서 자전거를 개량한 것이 시초가 되었다. 지금은 스포츠 센터에서 스피닝 프로그램으로 사용되고 있다.

> 초보자들은 스피닝에서 회전력을 기르거나 자세를 교정하거나 기초체력을 기르기 위해서 훈련을 하는데 좋다. 날씨가 좋지 않거나 겨울철 실내에서 할 수 있는 훈련이다.

(3) 사이클런

런닝머신과 스텝/사이클 머신의 장점을 합쳐서 만든 기구로 유산소성 훈련으로 전신과 하체를 동시에 단련 시켜주는 기구이다.

> 발목과 무릎이 약하거나 스피닝에서 딱딱한 안장에 부담이 되는 초보자들이 다리에 회전력과 근력을 기르기 위해 실내에서 할 수 있는 머신이다.

11장 Chapter.11 Bike Safety

사고 예방을 위한 트레이닝

01 자전거 사고

자전거 사고는 아쉽게도 해마다 늘어나고 있어 이에 따른 자전거 안전교육이 고려되어야 한다. 자전거 타는 환경이 좋아질수록 사고도 줄어들어야 하는데 우측의 도로교통공단 자료에도 보듯이 사고는 줄어들지 않고 더 늘어나고 있는 안타까운 현실이다. 자전거에 서툰 초보자들도 사고가 나지만 자전거를 잘 타는 선수들도 사고가 난다.

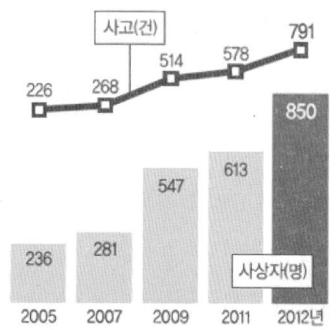

2012년 5월 1일 의성에서 대회를 앞두고 상주시청 사이클 선수들이 도로에서 연습 중에 갑자기 화물차에 덮쳐 선수 3명이 숨지고 선수단 5명이 부상을 당하는 사고가 있어 주위를 놀라게 하였다.

보통 일반 동호인들은 자전거를 빠르게 타는 것이 최고의 실력으로 알고 있지만 정작 자전거가 "차"라는 인식은 아직도 모르고 있는 사람들이 많이 있고 운전자 역시 자전거가 차도에서 다니는 걸 좋아하지 않는다. 선수들은 경기력에서는 기록과 순위가 민감하고 중요하지만 도로에서는 도로교통법에 의해서 자전거를 타야 하고 항상 안전에 만전을 기해야 한다. 또다시 이런 사고는 일어나지 않도록 기본적인 것은 알아야 하겠다.

1) 도로에서의 주의사항

도로에서는 차가 다니기에 항상 집중해야 한다. 안전하게 자전거를 타려면 기본적인 조건의 갖추고 자전거를 타야 한다.

헬멧을 착용하라.

헬멧의 착용은 자전거를 타기 위해서 가장 기본적인 안전의 요건이다. 그런데 자전거를 타다 보면 헬멧을 착용 안 하고 자전거를 타는 경우를 종종 볼 수가 있다. 우리나라 교통사고에 관한 자료에 보면 자전거를 타다가 사망한 것 중 80%가 머리에 손상을 입어서 사망한 것으로 집계되었다. 우리나라 경우에도 13세 이하 어린이들은 헬멧의 착용이 의무화가 되고 있는데 아직도 인식이 부족한 거 같다.

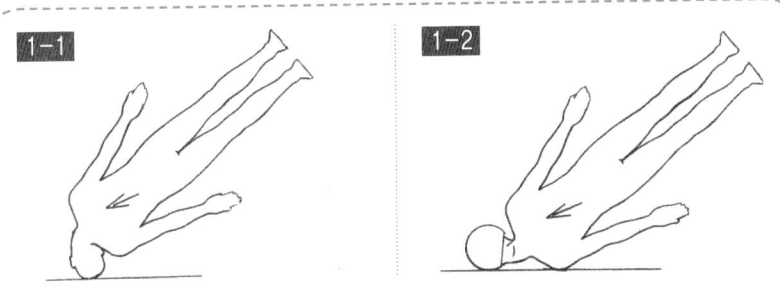

자전거를 타다가 넘어지게 되면 헬멧을 착용하지 않은 경우는 머리와 노면의 마찰로 인해 목뼈가 심하게 손상되는 경우〈그림 1-1〉와 헬멧을 착용하여 목뼈 부분의 손상을 최소화하기에 〈그림 1-2〉 헬멧 착용은 필수가 되어야 한다.

주의
턱 끈을 잘 조여주어야 한다. 헐렁하게 착용을 하게 되면 헬멧을 착용하나 마나이다.

전방을 향상 주시하라.

자전거를 오래 장시간 타다 보면 집중력이 떨어지게 된다. 시선은 향상 전방을 주시해야 한다. 한강 주변에서 자전거를 타게 되면 아이들이나 동물이 갑자기 나타나는 경우가 있기에 전방에 대해서 집중을 해야 하고 브레이크를 잡을 수 있도록 준비가 되어야 한다.

유니폼을 밝게 입어라.

레이더에 잡히지 않는 비행기를 스텔스기라고 한다. 가끔 자동차 운전을 하다 보면 밤에 깜짝 놀랄 일들이 일어난다. 검은색 계통의 옷을 입고 앞, 뒤 반사체 없이 자전거를 타는 경우를 종종 목격하게 된다. 항상 운전자 시야에 눈에 띄도록 밝은 색 계통의 옷을 입고 자전거를 타야 한다.

야간에는 전조등, 후미등을 켜라.

야간에 자전거를 탈 때는 안전을 위해서 앞에는 백색등 뒤에는 적색등을 달아야 한다. 도로교통법 37조에도 자전거 등화에 대해 명시되어 있듯이 차도 앞(백색), 뒤(적색)를 구분하듯이 자전거도 전조/후미등을 바꾸어 달지 않도록 해야 한다.

주차된 차를 지날 때는 문 여는 거리만큼 확보해라.

도로변에 무심코 주차된 차를 지날 때에는 안전을 위하여 문 여는 만큼 거리를 유지하여 지나친다. 안 그러면 문에 부딪쳐 사고를 당할 수 있다.

자전거를 타거나 내릴 때 후방도 신경 써라.

차도 출발하거나 내릴 때 안전을 위해서 뒤를 보게 되는데 자전거 역시 출발이나 내렸을 때도 뒤를 돌아보는 것을 습관화해야 한다.

횡단보도에서 주의하라.

횡단보도에서 녹색불이 켜져 있어서 신호를 무시하고 지나가는 차량들이 많이 있다. 녹색불이 켜졌다고 바로 건너지 말고 3초 정도 여유 있게 좌, 우를 살피면서 내려서 건넌다. 자전거 횡단보도가 있으면 자전거를 타고 가도 되지만 아직까지 우리나라는 자전거 횡단보도가 없는 경우가 많기 때문에 횡단보도에서는 내려서 끌고 가야 한다.

과속 방지턱에서 주의하라.

자동차의 과속을 막기 위해서 도로 곳곳에 과속 방지턱이 설치되어 있는데 특히 내리막에서 앞바퀴를 들다가 운전미숙으로 균형을 잃게 되어 넘어지게 되는 경우가 많기 때문에 과속 방지턱에서는 속도를 줄여야 한다.

역주행을 하지마라.

잘 알면서도 지켜지지 않은 사항이다. 교통의 흐름과 같이 차량과 같은 방향에서 자전거를 타야 한다. 조금 편하게 가려다 아주 먼저 가는 경우가 있기에 주의를 해야 한다.

안전거리를 유지하라.

선수들은 공기저항과 체력 소모를 최대한 줄이기 위해 드레프팅(뒤따르기)을 실시하게 되는데 일반인들은 안전거리를 유지하면서 자전거를 타야 한다. 특히 언덕에서는 평지보다 3배 정도 거리를 더 두어야 안전하다.

오른쪽으로 타고 내리는 것을 습관화해라.

보통 자전거를 탈 때와 내릴 때 왼쪽 방향으로 내리는 경우가 대부분이다. 차와 같이 있다 보면 왼쪽으로 넘어지게 되면 다치기 쉽기 때문에 안전을 위해서 오른쪽 방향으로 타고 내리는 것을 습관화하는 것이 좋다.

수신호를 활용하라.

자전거에도 좌, 우회전, 정지, 수신호가 있기 때문에 수신호에 대해서 알고 타야 하고 운전자들도 교육이 되어야 서로 간의 소통이 될 수 있다.

새로운 장비에 대해서는 연습이 충분한 되어야 한다.

마라톤에서도 바로 구입한 신발을 신고 대회에 나갈 수 없듯이 새로운 장비를 구입했다면 어느 정도 적응기간이 필요하듯이 자전거에서도 새로운 장비를 사용할 때는 미리 연습이 되어야 한다.

2) 여러 가지 위험요소

도로의 조건의 매일 같은 사항이 아니라 시시각각 다르기 때문에 항상 주의를 기울여야 한다. 도로에서 연습을 하기 전에 미리 코스를 답사해서 도로의 상태를 파악해야 하고 동료들에게도 알려 주어야 한다.

급커브

특히 시합을 하다 보면 도로에 적응이 되지 않거나 코스 답사를 하지 않아서 난코스에 대한 대처 능력이 없을 때 사고가 많이 난다. 훈련 시 급커브 훈련이 연습이 되어야 하고 미리 코스에 대해서 답사가 되어야 한다.

내리막

내리막에서는 최대한 집중을 해야 한다. 경기를 하다 보면 선수들 중 응원 나온 관중에게 신경을 쓸 때가 있는데 최대한 내리막에서는 집중을 해야 한다. 속도가 난 상태에서 작은 자갈이나 흙에 미끄러질 수도 있다.

젖은 노면

차도 마찬가지이지만 비가 올 때 수막현상이 생겨서 미끄러지게 때문에 속도를 평소보다 속도를 늦추면서 달려야 하듯이 자전거 역시 젖은 노면에서는 주의를 해서 타야 한다.

모래 or 자갈

내리막에서 자전거를 타고 내려오다가 급커브 지점에서 속도를 줄이려고 핸들을 돌리려고 하는데 길가에 모래가 있다면 그건 넘어지기 십상이다.

길턱

초보자들은 길턱을 지날 때 진행 방향과 같이 가다가 넘어져서 사고가 일어난다. 길턱을 지날 때는 최대한 공간을 여유 있게 두면서 길턱을 지나야 한다.

철길

철길에서 충격으로 인해 바퀴나 림이 손상이 가기 쉽고 잘못하다가는 바퀴가 철길 레일에 빠질 수 있기 때문에 주의를 해야 한다.

유아나 노약자

자전거를 타다 보면 갑자기 생각지 않는 곳에서 아이들과 노약자들이 나타나는 경우가 있으니 집중해서 자전거를 타야 한다. 특히 보도에서 자전거를 탈 때는 속도를 줄이면서 지나가는 사람에 주의를 해서 자전거를 타야 한다.

개나 고양이

공원에서 자전거를 탈 때 산책 나온 개나 동물들도 주의를 해야 한다. 갑자기 개를 피하려다가 넘어지는 경우도 있다. 공원이나 일반 공공장소에는 개를 방치하는 것이 아니라 목줄을 하고 다녀야 하기에 사고가 나면 상대방에게 책임을 물을 수 있다.

02 수신호 요령

도로에서 운전을 하다가 위험을 느끼게 되면 반사적으로 비상등을 켜게 되고, 간혹 끼어들게 되면 미안하다는 표시로 상대방에게 손을 들어준다. 야외에서 자전거를 타게 되면 차량처럼 미리 약속된 신호로 상황을 판단할 수 있는 수신호가 필요하다. 왜냐하면 자전거도 차로서의 교통수단이기 때문이다. 수신호(도로교통법 38조 1항)는 운전자와 운전자와의 사이에 의사소통을 위한 수단으로 차와 같이 수신호가 동일해야 된다.

수신호도가 나라마다 약간은 다르게 표현되고 있고 또 동호인들 만에 수신호가 있지만 아직까지 단일화가 되고 있지 않다. 수신호는 자전거 타는 사람만 알고 있는 것이 아니라 운전자도 반드시 알고 있어야만 도로에서 대처하는데 도움이 된다. 특히 오른팔이 아니라 왼쪽 팔을 이용해야 운전자가 쉽게 볼 수가 있다. 수신호를 하려면 먼저 한 손을 놓고 자전거를 탈 줄 알아야 가능하다. 왼쪽, 오른쪽 번갈아 가면서 연습을 해보자.

1) 차량 수신호 「법제처 자료참고」 (차의 등화 및 차의 신호)

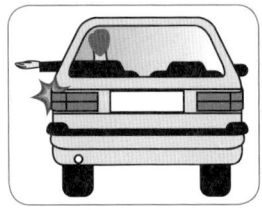
*좌회전
좌측 팔을 수평으로 펴준다.

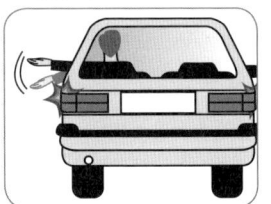
*서행시
팔을 수평으로 편 상태에서 반복적으로 내렸다 올려준다.

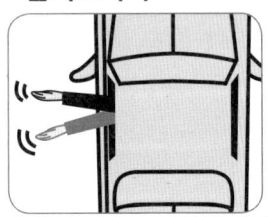
*앞지르기시
팔을 수평으로 펴서 손바닥이 앞으로 가게해서 앞뒤로 흔들어준다.

*우회전
좌측 팔꿈치를 구부려서 수직으로 올린다.

*정지시
팔을 내린 상태에서 손을 45도 밑으로 편다.

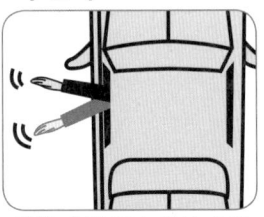
*후진시
팔을 수평으로 펴서 손바닥이 뒤로 가게해서 앞, 뒤로 흔들어준다.

2) 자전거 수신호 (차와 자전거)

도로에서 자전거는 차도의 우측으로 통행하게 되어 있는데 오른쪽 손을 들게 되면 좌측에서 오는 차량은 수신호가 보이지 않기 때문에 좌측 손을 들어 운전자가 쉽게 볼 수가 있어야 한다.

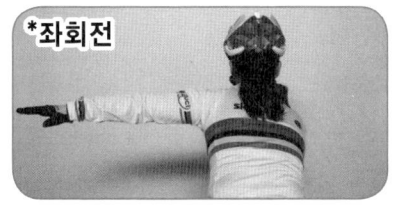

좌측 팔을 펴준다.

좌측 팔꿈치를 구부려 수직으로 올린다.

좌측 팔을 수평으로 편 상태에서 반복적으로 내렸다 올려준다.

팔을 내린 상태에서 손바닥이 보이게 편다.

팔을 수평으로 해서 앞쪽으로 뻗는다.

3) 자전거와 자전거의 수신호(동호인)

운전자와 자전거 간에는 지정된 수신호가 있고 자전거와 자전거 간에도 동호인들끼리 도로 상황에 따라서 의사소통으로 세부적으로 사용되는 수신호 있다. 다만 정지시 수신호가 일반적으로 차이가 나는 것을 알 수가 있기에 상황에 맞게 소통이 되도록 한다.

*좌회전

*우회전

*서행시

*정지시

*주의

*붙어서 진행

*1열주행

*2열주행

03 도로 교통법

자전거는 도로 교통법(법 제2조 16호)에 "차"로 정의하고 있는데 대부분 사람들은 차라기보다는 레저나 운송수단으로 여기고 있다. 운전자들도 도로에서 자전거가 왜 다녀야 하는지도 모르고 있는 실정이라 자전거를 이용하는데 있어서 많은 문제점이 나타나고 있다. 보통 일반적인 상황에서는 적용되지 않다가 사고가 났을 때는 분명히 도로교통법에 따라서 처벌된다는 것을 분명히 알아야 한다.

1) 도로에서의 자전거

- 우측통행을 원칙: 도로에서 자전거를 탈 때는 중앙에서 우측통행을 한다.
- 자전거 도로나 차도 통행을 원칙: 자전거 도로가 있는 곳에서는 자전거 도로를 이용하고 자전거 도로가 없는 곳에서는 차도를 이용하되 가장 끝 차로를 이용해야 한다.

2) 자전거 전용도로

자전거를 전용으로 탈 수 있는 도로이다. 최근 자전거에 대한 정책이 조금씩 반영되고 있고 관심을 가지고 있으나 우리의 현실은 아직도 멀게만 느껴진다. 자전거 이용을 활성화시키려면 자전거 도로, 자전거 주차장, 자전거 이용시설들이 제대로 활용되어야 한다. 자전거 이용자가 안전하고 편하고 신속하게 자전거 도로를 이용할 수 있도록 지역 여건에 맞는 도로의 확충이 필요하다. 특히 외국에서는 자전거도로에서 보행자가 침범하게 되면 난리가 나는데 우리는 아직도 다수가 모르고 있고 적응되지 않고 있다.

3) 도로 표지의 종류

자전거를 타다 보면 도로에 각종 교통 표지판이 설치되어 있다. 도로에 나가서 훈련을 하기 전에 기본적인 표지판을 알고 미리 상황에 대처를 하는 마음으로 안전하고 즐겁게 자전거를 타는 것이 바람직하다.

(1) 주의표시(적색)

도로 상태가 위험하거나 도로 또는 그 부근에 위험물이 있는 경우에 필요한 안전조치를 할 수 있도록 이를 도로 사용자에게 알리는 표시이다.

자전거의 통행을 금지하는 구역이므로 어떠한 경우에도 자전거를 이용해서는 안된다. 특히 공원이나 사람이 많은 장소에서는 주의를 해야 한다.

자전거 통행이 많은 지점이 있음을 알리는 표지로써 이 지역에서 자전거를 이용할 때는 특히 안전에 유의하여야 한다.

(2) 지시표시(파란색)

도로의 통행방법 통행 구분 등 도로교통의 안전을 위하여 필요한 지시를 하는 경우에 도로 사용자가 이에 따르도록 알리는 표시이다.

자전거만이 통행할 수 있는 도로 또는 구간으로 자전거 통행에 방해가 되는 물건을 방치하거나 보행자가 들어가서는 안된다.

차도에 자전거만 통행할 수 있도록 지정된 차로이다.

자전거와 보행자가 함께 이용할 수 있는 도로로 자전거 운전자는 특히 보행자의 안전에 주의하여야 한다.

자전거 보행자 겸용도로에서 자전거와 보행자의 통해 공간이 구분되어 있음을 알리는 표지이다.

자전거 도로에서 2대 이상 자전거의 나란히 통행을 허용하는 표지이다. 아무래도 도로의 공간이 넓은 곳에서 이루어져야 한다.

자전거를 주차할 수 있는 장소를 알리는 표지로써 자전거 공공주차장에 무단 방치하여 통행에 방해를 주는 경우 이동, 보관, 매각 등의 처분 대상이 된다.

자전거가 일반 도로를 횡단할 수 있도록 지정된 도로로서 자전거를 타고서 횡단한다. 자전거 횡단도가 없는 경우 횡단하고자 할 때는 횡단보도를 이용하는데 반드시 자전거에서 내려 끌고 건너야 한다.

자전거 이용자는 반드시 자전거에서 내려 끌고서 건너야 한다. 자전거를 타고 가는 중에 보행자와 문제가 있는 경우는 차와 보행자로, 다른 차와 문제가 있는 경우는 차와 차의 문제로 조치된다.

자전거 통행이 금지되는 구간 또는 지역이므로 자전거를 이용하는 경우 반드시 내려서 끌고 가야 한다.

(3) 노면표시

도로교통의 안전을 위하여 각종 주의, 규제, 지시 등의 내용을 노면에 기호, 문자 또는 선으로 도로 사용자에게 알리는 표지이다.

자전거횡단보도: 도로에 자전거의 횡단이 필요한 지점에 설치, 횡단보도가 있는 교차로에서는 횡단보도 측면에 설치한다.

자전거전용도로: 자전거 전용도로 또는 전용구간 내 필요한 지점에 설치한다.

04 안전을 위한 준비와 응급처치 트레이닝

사이클 대회가 여러 곳에서 개최되고 있고 도로조건이 좋아질수록 자전거 타는 동호인들이 늘어나고 있지만 사고에 대해서는 미리 준비를 하는 습관이 되어 있어야 한다. 우선 나의 잘못으로 인해서 남에게 피해가 가지 않도록 해야 한다. 사고는 언제 일어나기 모르기 때문에 항상 사고에 대비를 해야 하고 준비가 되어야 한다.

1) 응급처치 트레이닝

응급처치는 사고가 난 상태에서 병원에 가기 전까지 신속하게 대처하는 방법을 말한다. 그러기 위해서는 미리 다치지 않게 예방할 수 있는 준비가 되어야 하고 도로에서 교통법규를 준수하고 안전사항을 지켜야 안전하게 자전거를 탈 수가 있다. 자전거에서 넘어지게 되면 부상당하기 때문에 간단하고 빠르게 조치할 수 있는 구급함을 휴대하고 다녀야 한다.

> *** 사고 예방을 위한 기본적인 R.I.C.E 원리**
> 자전거를 타면서 부상을 당하게 되면 기본적인 응급 처치 방법의 원리가 있다. 부상을 다한 후 24시간 이내에 가볍게 치료를 할 수 있는 요령을 알면 평소에도 요긴하게 쓰일 수 있다.

안정을 취하라(rest)

부상자는 사고를 당하게 되면 안정을 취하고 상처 부위가 붓고 멍이 들게 된다. 이럴 때 움직이게 되면 상처가 더 악화될 수 있기 때문에 상처 부위에 휴식을 취해 주어야 한다.

얼음찜질 하라(ice)

얼음찜질을 의미하는데 상처 부위에 열이 나고 붓기 때문에 혈관이 수축시켜 더 이상 붓지 않도록 혈액량을 줄여주는 방법으로 얼음찜질을 한다. 24시간 정도 하고 시간이 지나면서 찜질 시간을 줄여준다.

압박을 하라(compression)

상처 부위에 붓기를 막는 방법으로 냉찜질을 하고 나서 붕대로 감아준다. 이때 너무 세게 감아주면 오히려 역효과가 나기에 통증의 상태에 따라서 감아준다.

높여줘라(elevation)

상처 부위를 심장보다 높은 위치에 놓는 것을 뜻하고 거상이라고 하는데 상처 부위의 피들이 정상적으로 순환할 수 있도록 도와준다. 팔은 삼각건이나 비상시 옷을 이용하고 발은 베개나 가방을 이용하는 방법이다.

> *** 휴대용 응급처치 장비의 장점**
> · 간편히 휴대를 할 수 있다.　· 미리 준비를 할 수 있다.　· 빠르게 상처를 치료할 수 있다.

> *** 삼각건과 두건을 이용한 응급처치 예**
>
>
> \+ 삼각건으로 머리 감기
>
>
> \+ 두건으로 머리 감기
>
>
> \+ 삼각건으로 어깨 걸대 만들기
>
>
> \+ 바람막이로 어깨 걸대 만들기

2) 비상용 대체용품

(1) 두건

두건은 땀을 흡수시켜주는 역할을 한다. 헬멧을 오랫동안 쓰게 되면 머리가 짓눌러지므로 두건은 스타일을 중요시하는 분들에게는 멋을 낼 수 있는 장점도 있고 머리에 부상을 당했을 때 삼각건 대용으로도 사용할 수 있어 하나 정도 휴대하고 있는 것도 좋다.

(2) 바람막이

바람막이 자켓은 보온을 할 수 있는 장점도 있지만 자전거에서 넘어져서 쇄골이 부러졌을 때 삼각건 대용으로 사용할 수 있기에 요긴하게 사용된다.

(3) 일회용 휴지

휴지는 야외에서 급하게 화장실 갈 때도 사용되지만 상처 부위의 출혈을 억제하기 위해 덧 될 수 있는 드레싱 역할을 해준다. 거즈가 없다면 임시방편으로 사용하도 되는데 가급적 깨끗한 것을 사용하도록 한다.

(4) 발목밴드

발목밴드는 일상생활에서 가볍게 자전거를 탈 때 바지에 기름때가 묻지 않도록 사용을 하지만 사고시 상처 부위를 압박하거나 고정시킬 때도 요긴하게 쓰인다.

(5) 붕대

드레싱으로 안정시켜주고 붕대로 상처 부위를 부목으로 고정시키거나 출혈을 억제하고 부상 부위를 고정시켜 붓기를 감소시키는 역할이다.

(6) 스프레이 파스

타박상과 근육통에 빠른 회복을 위해서 상처 부위에 뿌려준다. 가급적이면 아이스(Ice)가 되는 것으로 구입해준다.

(7) 얼음물

운동 중 가장 많이 섭취를 하는 것이 물이다. 물은 목마르기 전에 미리 섭취를 해야 한다. 찬물은 목이 마를 때 효과가 있고 근육통에도 바로 마사지하게 되면 효과도 빠르게 나타난다.

동호회에서는 필수적으로 야외에서 자전거를 탈 때 휴대용 응급처치 장비에 대해서 구비가 되어야 한다. 팀에서 팀용으로 가지고 있어야 하고 개인적(각조마다)으로 한 개 정도는 휴대를 하고 있어야 사고를 당했을 때 미리 조치할 수 있다.

자전거용

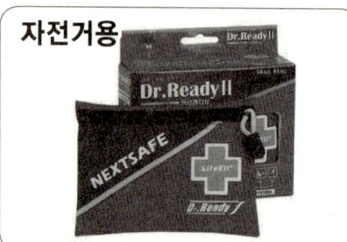

팀 용

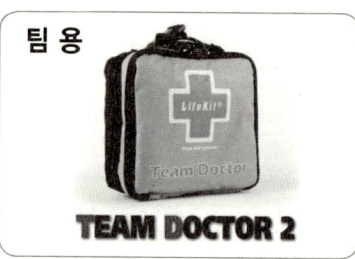

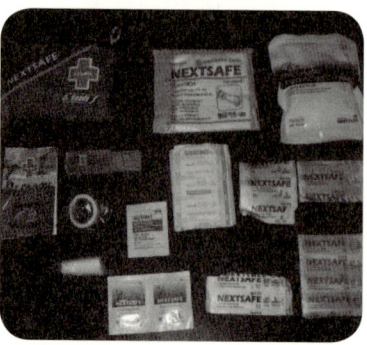

* 참조 (넥스트 세이프 www.nestsafe.com)

물품 구성

1. **외상패드** : 출혈이 많은 경우 지혈로 사용
2. **비접착패드** : 작은 상처에 사용
3. **멸균거즈** : 흡수 및 상처 보호
4. **방수밴드** : 습기나 물로부터 상처 보호
5. **손가락밴드** : 손가락 상처 보호에 사용
6. **관절밴드** : 관절 부위에 상처 보호
7. **아이스팩** : 상처 부위에 냉각으로 사용
8. **멸균물티슈** : 상처 세정 및 2차 감염예방
9. **알콜스왑** : 오염된 부위에 상처 소독

05 휴식과 슬럼프를 위한 트레이닝

가끔은 계획했던 목표가 흔들리거나 지루함을 느낄 때 편한 마음을 가지고 사이클에 관련된 만화나 휴먼 에세이 책, 스포츠 영화를 보게 되면 의외로 새로운 감동과 자극이 되기도 한다. 특히 선수에게 슬럼프는 빠르게 극복되어야 하기에 심리적인 영향도 중요하게 작용한다. 자전거 매니아라면 만화책이지만 소장할 만한 가치가 충분히 있다. 그러나 아쉽게도 현재 시판되고 있는 만화책들은 대부분이 일본책들이라 앞으로 우리 실정에 맞는 자전거 만화가 많이 나왔으면 한다.

(1) 만화책

- 제 목: 내파란 세이버
- 저 자: 박흥용
- 출판사: 대원씨아이
- 각 권: 1~10권

- 제 목: 겁쟁이 페달
- 저 자: 와타루 와타나베
- 출판사: 대원씨아이
- 각 권: 1~50권

- 제 목: 스피드 도둑
- 저 자: 소다 마사히토
- 출판사: 서울미디어랜드
- 각 권: 1~18권

- 제 목: 오버 드라이브
- 저 자: 야스다 츠요시
- 출판사: 학산문화사
- 각 권: 1~17

- 제 목: 오즈
- 저 자: 이시와타 오사무
- 출판사: 학산문화사
- 각 권: 1~10권

- 제 목: 내마음속의 자전거
- 저 자: 미야오 카쿠
- 출판사: 서울문화사
- 각 권: 1~16권

- 제 목: 두바퀴의 기적 린도
- 저 자: 노리미네 에이치
- 출판사: 서울문화사
- 각 권: 1~10권

- 제 목: 타 종
- 저 자: 야마모토 야스히토
- 출판사: 서울문화사
- 각 권: 1~24권

(2) 만화 영화

· 제 목:
오버 드라이브(2007)
· 감 독: 카토 타카오

· 제 목:
나스 안다루시아의 여름 (2014)
· 감 독: 코사카 카르타

· 제 목:
겁쟁이 페달(2016)
· 감 독: 나베시마 오사무

(3) 영화

· 제 목:
뚜르드 프랑스(2014)
· 감 독: 로렐트 투엘

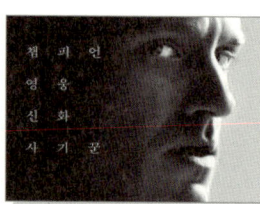
· 제 목:
챔피온 프로그램(2015)
· 감 독: 스티븐 플리어즈

· 제 목:
뚜르(내생애 최고의 49일)
· 감 독: 임정하, 전일우 박형준, 김양래

(4) 에세이

· 제 목: 이것은 자전거 ~
· 저 자: 랜스 암스트롱
· 출판사: 체온365

· 제 목: 나는 아버지입니다.
· 저 자: 딘 호이트, 던예거
· 출판사: 황금물고기

· 제 목: 생명을 위해 달렸다.
· 저 자: 루수 하이드리히
· 출판사: 한울

참고문헌

1. 서 적
1) 김명화 역(2003). 스포츠 스트레칭 311. 맑은소리
2) 김용근 외 6인(1989). 사이클 경기훈련 지도서. 한국체육과학연구원
3) 유광진, 한기식 역(2002). 멀티지구력 스포츠. 대한미디어
4) 이종하 외 5인 역(2010). 사이클 아나토미. 푸른솔
5) 이용우(2002). 사이클 트레이닝. 도서출판 홍경
6) 최부영 역(2000). 사이클 트레이닝 바이블. 사단법인 대한사이클연맹
7) 한기식(2006). 트라이애슬론 바이클. 보경문화사
8) 한기식 외 2인(2007). 웨이트 트레이닝 매뉴얼. 한림출판사
9) 한기식 외 2인(2008). ABC 철인3종경기. 광림북하우스
10) 한기식, 구정철(2010). 자전거 누구나 즐길수 있다. 광림북하우스
11) 홍영표(1997). 보디빌딩 운동기능학. 홍영표 보디빌딩연구소

2. 인터넷 자료
1) 대한자전거연맹(http://www.cycling.or.kr)
2) 코리아 트라이애슬론 서비스(http://cafe.naver.com/ktriathlonservice)
3) 와일드바이크(http://www.wildbike.co.kr)
4) 투르 드 코리아(http://www.tourdekorea.or.kr)

3. 장비 업체
1) 경일 스포츠(http://kevinbike.co.kr)
2) 마이미 코리아(http://www.polar.co.kr)
3) 엘파마(http://www.elfama.com)
4) 위아위스(http://www.wiawis.com)

기타부록

1. 자전거 악세사리
1) 경일 스포츠(http://kevinbike.co.kr) 02-425-2501

2. 자전거 헬멧
1) 션 코리아(http://www.seankorea.com) 031-908-3230

3. 자전거 핏팅 및 정비 세척
1) 자전거 핏팅((http://cafe.naver.com/ktsbikefit) 010-9750-5565
2) 자전거 정비 및 세척 010-7600-6663

4. 재활용 운동기구
1) 에스앤에스(www.snsi.co.kr) 031-737-2230